全国职业院校汽车类专业新形态工作手册式教材
全国技工院校汽车类专业工学一体化教材

汽车美容与装饰

中德诺浩汽车职业教育研究院 组织编写
主编 吕丕华

中国劳动社会保障出版社

内容简介

本书是全国职业院校汽车类专业新形态工作手册式教材 / 全国技工院校汽车类专业工学一体化教材，由中德诺浩汽车职业教育研究院组织开发。全书共包含 3 个学习情境、9 个学习任务，内容涵盖加装 CD 主机、倒车影像、行车记录仪，车窗贴膜，清洗车辆，车漆抛光，车身凹坑的钣金修复，施涂原子灰，喷漆等内容。

本书可作为全国职业院校与技工院校汽车类专业教学用书，也可作为汽车售后服务企业相关技术人员与社会人士培训参考用书。

本套教材由吕丕华主编，本书由张东杰负责编写。

图书在版编目（CIP）数据

汽车美容与装饰 / 吕丕华主编. -- 北京：中国劳动社会保障出版社，2023
全国职业院校汽车类专业新形态工作手册式教材. 全国技工院校汽车类专业工学一体化教材
ISBN 978-7-5167-6039-0

Ⅰ.①汽…　Ⅱ.①吕…　Ⅲ.①汽车－车辆保养－高等职业教育－教材　Ⅳ.①U472

中国国家版本馆 CIP 数据核字（2023）第 156697 号

中国劳动社会保障出版社出版发行
（北京市惠新东街 1 号　邮政编码：100029）
*
北京市白帆印务有限公司印刷装订　　新华书店经销

880 毫米 ×1230 毫米　16 开本　5 印张　118 千字
2023 年 9 月第 1 版　　2025 年 7 月第 4 次印刷
定价：17.00 元

营销中心电话：400-606-6496
出版社网址：http://www.class.com.cn
http://jg.class.com.cn

当前，我国正在加快实施“中国制造 2025”计划，处于由制造大国向制造强国、由人力资源大国向人力资源强国发展的重要时期，党和国家为此制定了一系列科教兴国、人才强国的战略措施。

在人才队伍中，工作在生产一线的技能型人才是重要基础。高素质技能型人才队伍是推动经济社会发展的重要保障，职业教育是培养高素质技能型人才的主要渠道。尽管世界各国国情不同，发展职业教育的条件、政策和具体措施各异，但无论发达国家还是新兴工业化国家，均普遍重视职业教育在培养高素质技能型人才中的重要作用，把发展职业教育作为人力资源开发、振兴经济、增强国力的战略选择。

德国的职业教育水平处于世界领先地位。德国经济在世界金融危机中之所以依然稳健发展，与其因职业教育发达而拥有大量的高素质技能型人才是分不开的。完备的法律制度和各方面的高度重视，为德国的职业教育发展提供了有力保障。德国的双元制职业教育制度将劳动人事制度与教育制度有机地结合在一起。学校和企业都是培养人才的主体，并承担相应责任，学校和企业的教学计划、形式和内容虽各有侧重，但又相互联系，且均以工作任务为教学载体，将技能学习和训练、理论学习和运用有机结合，充分发挥学生在教学中的主体作用，着力培养学生承担社会责任的能力、独立发现和解决问题的能力、在实践中自主学习的能力。

改革开放以来，我国在借鉴国外先进职业教育经验方面取得了可喜成就。我国职业教育的对外交流与合作就是从借鉴和学习德国经验开始的，中德诺浩（北京）教育投资股份有限公司为此做了积极而有效的探索。

长期以来，该公司致力于引进德国的汽车职业教育资源，与德国手工业协会合作，在国内与以德国品牌为主的汽车合资企业和各类职业院校共同开展教育工作。经过多年的探索，结合我国国情，该公司成功地

引进德国汽车职业教育的课程体系、教学素材和教学方法，并结合互联网手段进行了全方位本土化，在此基础上与 300 多所职业院校联手，为我国汽车维修企业培养了大批优秀人才。与此同时，该公司组织中德两国的汽车技术专家、经验丰富的维修技师和职业教育专家，共同编写了职业院校汽车类专业新形态工作手册式教材。这套教材以培养高技能人才为目标，内容选自实际操作，既“原汁原味”地吸纳了德国经验，又结合我国实际情况充实了教学内容，推动我国汽车维修技能型人才的培养与世界接轨。我期待其在我国培养国际标准汽车高技能人才方面发挥出重要作用，在中国由汽车大国向汽车强国迈进的征程中做出应有的贡献。

唐天标

（本序作者系第十一届全国人大常委会委员、第十一届全国人大教科文卫委员会副主任委员，原中国人民解放军总政治部副主任，上将军衔）

前言

职业教育是国民教育体系和人力资源开发的重要组成部分，肩负着培养多样化人才、传承技术技能、促进就业创业的重要职责。随着新型工业化的推进和科学技术的发展，现代职业教育体系越来越成为国家竞争力的重要支撑。为贯彻落实全国职业教育大会精神，推动现代职业教育高质量发展，加快构建现代职业教育体系，建设技能型社会，弘扬工匠精神，培养更多高素质技术技能人才、能工巧匠、大国工匠，满足我国汽车产业迅猛发展对高端技术技能型汽车人才的需求，中德诺浩在总结多年来将德国汽车职业教育中国本土化经验的基础上，编写了这套职业院校汽车类专业新形态工作手册式教材。

本套教材将理论基础和实践应用有机结合，在引领学生学习汽车专业知识的同时培养学生实际操作技能，具有以下特点：

（1）以企业一线任务为引导，将理论知识与实践技能进行完美结合。

（2）集图、文、声、像于一体，为学生提供多种形式的学习素材。

（3）采用四色印刷，版面简洁清晰、主题明确、色彩清新。

（4）本套教材配有丰富的数字化教学资源，学生可通过扫描每本书专属的封面二维码进行浏览和自学。

本套教材由中德诺浩汽车职业教育研究院组织编写，编写方式充分发挥了学生的主体地位，优化了课堂设计，便于调动学生的学习积极性和主动性，还可培养学生的创新意识和创新能力。

本套教材是职业院校汽车类专业核心课程教材，同时也可供从事汽车研究、设计、制造、使用和维修的工程技术人员学习和参考。

由于时间紧、任务重，本书内容难免有不恰当和错误之处，敬请广大读者批评指正！

编者

2022 年 10 月

目录
CONTENTS

情境一

车用设备加装

任务一　加装 CD 主机、倒车影像、行车记录仪（一）

加装 CD 主机、倒车影像、行车记录仪——设备安装任务工单						
客户信息	客户姓名		联系电话		接单日期	
车辆信息	车辆品牌		出厂日期		行驶里程	
	车辆年款		车身颜色		其他	
任务描述	安装 CD 主机 □ 车窗贴膜 □ 其他项目：		清洗车辆 □ 安装倒车影像 □		车辆抛光 □ 安装行车记录仪 □	
车辆外观检查			车辆内饰检查			
凹凸 □			污渍 □			
划痕 □			破损 □			
石击 □			色斑 □			
油漆 □			变形 □			
明确具体工作任务						

任务目标

- 能够正确拆装 CD 主机
- 能够正确安装倒车影像
- 能够正确安装行车记录仪

续表

	● 拆装 CD 主机 ● 拆装行李箱开关和安装翻盖式后摄像头 ● 布置后摄像头线束 ● 安装行车记录仪并布线
	● 拆装 CD 主机 ● 拆装行李箱开关和安装翻盖式后摄像头 ● 布置后摄像头线束

一、任务准备

准备本次任务所需要的主要物品。

 笔记本电脑	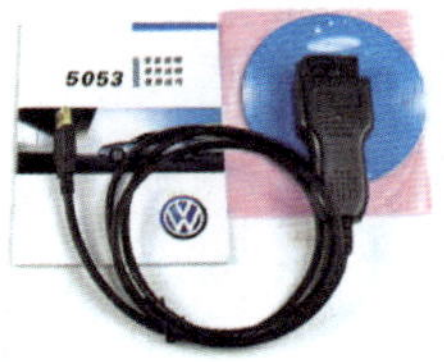 5053 诊断线	 原厂翻盖式后摄像头
 摄像头连接线	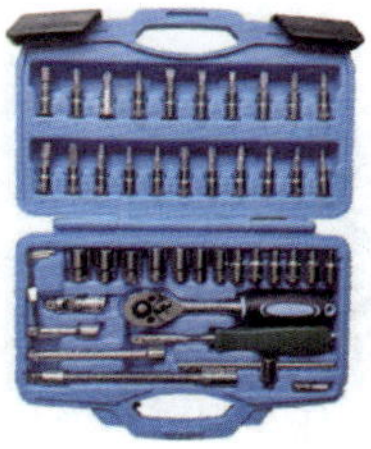 小棘轮套筒套装	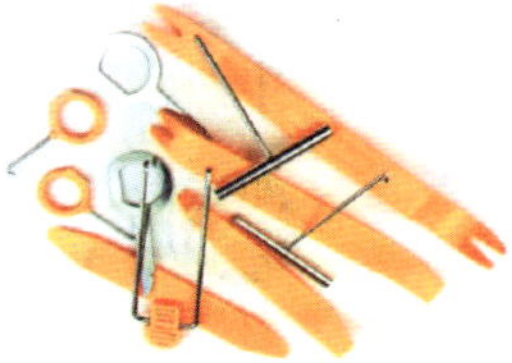 撬板套装
 手电筒	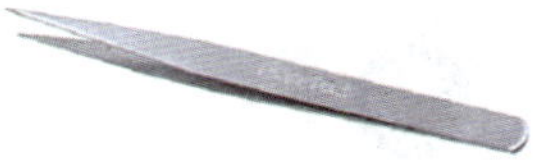 尖头镊子	 实训车辆
 双金属头网关线	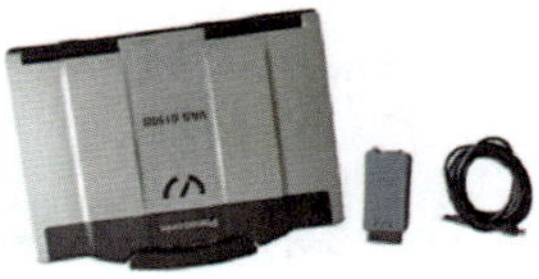 大众专用诊断仪	 熔丝取电器

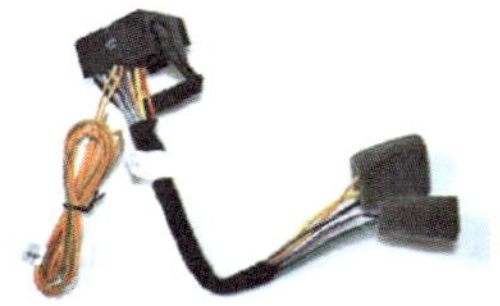 大众音响转接线	 斜口钳	 大众倒车影像校准工具 VAS6350
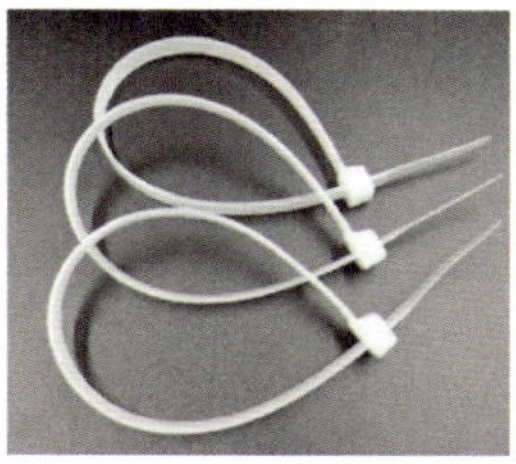 扎带	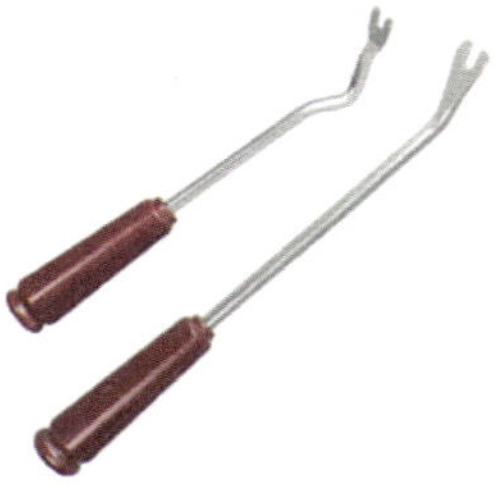 门板卡子拆装工具	 车用耐高温胶带
 热塑套管	 热风枪	 剪刀

二、防护措施

1. 操作人员应身穿工作服、戴工作帽、戴手套、穿工作鞋。工作服纽扣与拉链及皮带扣应藏于衣服内侧，袖口、领口、裤脚扣紧；女生长发应盘放在工作帽内。

2. 车辆进入车间内，应停放至指定地点，熄灭发动机，将变速器置于空挡并拉紧驻车制动器。

3. 维修操作前，应铺设翼子板布及内饰防护三件套，发动机启动前应确保其他实训人员远离车辆，并连接尾气排放设备。

4. 任何时间操作电气设备时都应注意用电安全。作业结束之后，应及时切断一切用电设备的电源。

5. 车间应配有干粉灭火器及相应消防设施，易燃油品应存放在密封的金属罐中。

6. 操作过程中应做到油品、工具、配件三不落地，作业完毕后应及时清理车间工作场地，实现现场 5S 管理。

三、任务实施

（一）安装升级 CD 主机

1. 任务分配

每 5 人一组，推选组长，组长对小组任务进行分配，组员按组长的要求完成相关工作内容，并将

自己所在小组分工及个人工作内容填入表 1–1 中。

表 1–1 任务分配表

任务	职务	姓名	工作内容
安装升级 CD 主机	组长		
	组员		

2. 操作步骤

根据实施过程完成表 1–2 中操作步骤的排序。

表 1–2 操作步骤

项目	顺序	工作内容
安全防护和准备工作		车辆基本检查，记录车辆异常情况，请客户签字确认并提醒客户随身携带贵重物品
		将车辆停在指定位置、熄火，拉起驻车制动器
		铺设翼子板布和内饰防护三件套
安装升级 CD 主机		用撬板将原 CD 主机周围的装饰框拆掉
		使用 T20 内六角旋具依次将原 CD 主机四个角的固定螺钉卸掉，注意卸下的螺钉要收好，不要掉到仪表台内部
		对比原车喇叭插接器和新 CD 主机（RCD510）是否匹配，如果匹配则直接安装；如果不匹配，则安装大众音响转接线，一端连接原车喇叭线束，另一端插入新 CD 主机插孔。安装好天线插接器
		规范拿出原 CD 主机，注意不要拽断后面的线束
		依次把喇叭插接器和天线插接器从 CD 主机身后取下，然后将原 CD 主机取下
		进入之后逐项测试收音机功能、CD 播放功能是否正常
		装好线后，将新 CD 主机（RCD510）放进 CD 主机安装孔内，然后打开播放机开关，开机后会提示输入密码，输入正确的密码就可以进入菜单页面
		如果各项正常，依次安装 CD 主机四个角的固定螺钉以及 CD 主机周围的装饰框
整理现场		整理工具，收拾现场卫生
		撤去翼子板布和内饰防护三件套

（二）安装倒车影像

1. 任务分配

每 5 人一组，推选组长，组长对小组任务进行分配，组员按组长的要求完成相关工作内容，并将自己所在小组分工及个人工作内容填入表 1–3 中。

表 1-3　任务分配表

任务	职务	姓名	工作内容
安装倒车影像	组长		
	组员		

2. 操作步骤

根据实施过程完成表 1-4 中操作步骤的排序。

表 1-4　操作步骤

项目	顺序	工作内容
安全防护和准备工作		将车辆停在指定位置、熄火，拉起驻车制动器
		铺设翼子板布和内饰防护三件套
		车辆基本检查，记录车辆异常情况，请客户签字确认并提醒客户随身携带贵重物品
拆原车行李箱开关		打开行李箱盖，拆卸固定行李箱装饰板的 2 个盖罩，使用门板卡子拆装工具松开行李箱锁盖罩，脱开行李箱装饰板
		拧松并拆下 3 个行李箱开关固定螺栓，解锁并脱开排水软管，然后调整行李箱开关至合适位置并取下
		依次解锁并脱开行李箱开关所有线束插接器
安装原厂翻盖式后摄像头总成		检查翻盖式后摄像头总成密封件，确保密封件已被完全嵌在凹槽内
		将翻盖式后摄像头总成的徽标对准行李箱盖内车身开口的中心，用规定的拧紧力矩（一般为 4 N · m）拧紧 3 个紧固螺栓
		将翻盖式后摄像头总成安装到行李箱盖内并旋转调整至正确位置，然后安装 3 个固定螺栓
		将排水软管插到翻盖式后摄像头总成下面的软管接头上
		完成后摄像头线束所有插接器的连接，并用导线支架固定导线和插接器，以防产生噪声
		按照拆卸顺序的倒序安装行李箱装饰板、行李箱锁盖罩、行李箱装饰板盖罩
		完成安装后，用非纤维质的抹布清洁后摄像头镜头
布线		用车用耐高温胶带将新增加的线束缠在一起，方便布线
		将新增线束沿着行李箱盖线束依次经过行李箱支撑支架、后排座椅、左 C 柱、左 B 柱，到达左 A 柱下，然后经过转向盘下方到达 CD 主机，注意做好新增线束的固定
		将后摄像头线束插入 CD 主机后端摄像头线束插孔
连接 CAN 线		如果是舒适 CAN 线，则使用双金属头网关线连接新 CD 主机（RCD510）与网关娱乐信息 CAN 线
		观察原车 CD 主机线束中有无 CAN 线，如果有，需要根据电路图判断是舒适 CAN 线还是娱乐信息 CAN 线

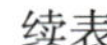
续表

项目	顺序	工作内容
连接 CAN 线		拆下转向盘下面的护板，拆下网关插接器（加速踏板上面，红色），观察网关的 10 号和 20 号针脚有无端子，如果有，则将 CD 主机线束端子 T16d/10 连接到网关的 10 号针脚，将 CD 主机线束端子 T16d/9 连接到网关的 20 号针脚；如果网关对应针脚没有端子，则分别将 CD 主机线束 T16d/10、T16d/9 连接好端子后插入网关插接器的 10 号、20 号针脚
编码		RCD510 编码：56 收音调谐器→编码控制 07 →字节 3 里的 bit6 打钩。重启 RCD510 RNS315 和 RNS510 编码：37 导航系统→编码控制 07 →字节 3 里的 bit6 打钩。重启 RNS510
		使用 5053 诊断软件和诊断线，进入“19 网关”，点击“安装列表”，在弹出界面内勾选“56 收音调谐器”后确认退出，在网关长编码中修改对应倒车影像的编码，完成倒车影像系统在网关处的注册
		根据 CD 主机种类分别进入相应的模块，进行倒车影像的编码修改
验证		使用 5053 诊断软件扫描全车电控单元，查看有无异常故障码
		打开点火开关，踩下制动踏板挂入倒挡，查看倒车影像系统是否正常。如果有倒车轨迹，需校准倒车影像系统
校准倒车影像		使用大众专用诊断仪（5053 诊断软件）进入“6C 倒车摄像机系统”，选择“校准”
		校准条件：车辆停在水平地面、点火开关打开、行李箱关闭、VAS6350 校准装置放置到位
		按照大众专用诊断仪校准过程的提示，逐步完成倒车影像的校准工作
整理现场		将拆下的零部件全部安装回原位，然后撤去翼子板布和内饰防护三件套
		整理工具，收拾现场卫生

（三）安装行车记录仪

1. 任务分配

每 5 人一组，推选组长，组长对小组任务进行分配，组员按组长的要求完成相关工作内容，并将自己所在小组分工及个人工作内容填入表 1–5 中。

表 1–5　任务分配表

任务	职务	姓名	工作内容
安装行车记录仪	组长		
	组员		

2. 操作步骤

根据实施过程完成表 1–6 中操作步骤的排序。

表 1-6 操作步骤

<table>
<tr><th>项目</th><th>顺序</th><th>工作内容</th></tr>
<tr><td rowspan="3">安全防护和准备工作</td><td></td><td>将车辆停在指定位置、熄火，拉起驻车制动器</td></tr>
<tr><td></td><td>铺设翼子板布和内饰防护三件套</td></tr>
<tr><td></td><td>车辆基本检查，记录车辆异常情况，请客户签字确认并提醒客户随身携带贵重物品</td></tr>
<tr><td rowspan="2">安装行车记录仪（后视镜版）</td><td></td><td>将行车记录仪安装在原车内后视镜上，然后在行车记录仪左右两侧预留的安装位置处分别用专用弹性固定圈将行车记录仪固定好</td></tr>
<tr><td></td><td>准备行车记录仪和 2 个专用弹性固定圈</td></tr>
<tr><td rowspan="2">安装行车记录仪供电（点烟器供电）</td><td></td><td>准备好行车记录仪携带的点烟器式电源线</td></tr>
<tr><td></td><td>将原车点烟器取下并保存好（以备后期需要时使用），将行车记录仪电源头插入点烟器孔中。将电源线另外一端插入行车记录仪电源孔内，测试行车记录仪是否正常工作，如果工作正常，说明安装正确</td></tr>
<tr><td rowspan="4">安装行车记录仪供电（熔丝盒供电）</td><td></td><td>准备好行车记录仪携带的熔丝盒式电源线（带降压功能）</td></tr>
<tr><td></td><td>在熔丝盒内查找接地点，将熔丝盒固定螺栓拧松 3 ~ 4 圈，然后将熔丝盒式电源线的接地线插进去，再拧紧固定螺栓，确保接地线连接良好</td></tr>
<tr><td></td><td>将车辆仪表台左侧熔丝盒盖板拆掉，在熔丝盒内查找点烟器熔丝并拔掉，然后将拔掉的熔丝插在取电器上，再将取电器插入原点烟器熔丝插槽内</td></tr>
<tr><td></td><td>预留足够长的电源线，使用扎带将剩余的电源线和降压模块在熔丝盒内固定好，等布线工作完成后安装左侧熔丝盒盖板</td></tr>
<tr><td rowspan="4">布线</td><td></td><td>在行车记录仪处保留适当长度的电源线，将剩余电源线依次塞入汽车顶棚内</td></tr>
<tr><td></td><td>在点烟器处保留适当长度的电源线，然后将剩余的电源线顺着中控台缝隙引到手套箱下面</td></tr>
<tr><td></td><td>将行车记录仪电源线沿着顶棚依次经过右前 A 柱、右前车门与仪表台连接处，引到手套箱下面</td></tr>
<tr><td></td><td>将剩余的电源线保留适当的长度后捆扎好，并固定在手套箱下面护板上</td></tr>
<tr><td rowspan="2">验证</td><td></td><td>调整行车记录仪摄像头角度，保证所拍的区域为车辆正前方且不倾斜；将电源线插入行车记录仪电源孔，保证行车记录仪供电正常</td></tr>
<tr><td></td><td>启动发动机，检查行车记录仪是否正常工作；关闭发动机，锁好车辆，检查行车记录仪是否正常关闭</td></tr>
<tr><td rowspan="2">整理现场</td><td></td><td>将拆下的零部件全部安装回原位，然后撤去翼子板布和内饰防护三件套</td></tr>
<tr><td></td><td>整理工具，收拾现场卫生</td></tr>
</table>

四、检查

（一）自检

对任务执行过程中的操作规范性进行检查，检查操作过程中是否存在以下问题，分析讨论应如何避免并总结规范的操作方法，填写表 1-7。

表 1-7　自检

检查项目	结果
车辆停放位置是否合适，是否将变速器置于空挡并拉紧驻车制动器	是 □　否 □
是否使用三件套对车辆进行防护	是 □　否 □
拆装 CD 主机过程是否规范	是 □　否 □
拆装行李箱开关是否规范	是 □　否 □
倒车影像编码是否正确	是 □　否 □
加装的倒车影像工作是否正常	是 □　否 □
行车记录仪工作是否正常	是 □　否 □
工作场地是否清洁，车辆是否复位	是 □　否 □

（二）互检

组与组之间进行操作过程及结果检查，填写表 1-8。

表 1-8　互检

检查项目	结果
车辆停放位置是否合适，是否将变速器置于空挡并拉紧驻车制动器	是 □　否 □
是否使用三件套对车辆进行防护	是 □　否 □
拆装 CD 主机过程是否规范	是 □　否 □
拆装行李箱开关是否规范	是 □　否 □
倒车影像编码是否正确	是 □　否 □
加装的倒车影像工作是否正常	是 □　否 □
行车记录仪工作是否正常	是 □　否 □
工作场地是否清洁，车辆是否复位	是 □　否 □

五、课堂小结

任务二 加装 CD 主机、倒车影像、行车记录仪（二）

<table>
<tr><td colspan="7">加装 CD 主机、倒车影像、行车记录仪——设备调试任务工单</td></tr>
<tr><td>客户信息</td><td>客户姓名</td><td></td><td>联系电话</td><td></td><td>接单日期</td><td></td></tr>
<tr><td rowspan="2">车辆信息</td><td>车辆品牌</td><td></td><td>出厂日期</td><td></td><td>行驶里程</td><td></td></tr>
<tr><td>车辆年款</td><td></td><td>车身颜色</td><td></td><td>其他</td><td></td></tr>
<tr><td>任务描述</td><td colspan="6">安装 CD 主机 □　清洗车辆 □　车辆抛光 □
车窗贴膜 □　安装倒车影像 □　安装行车记录仪 □
其他项目：</td></tr>
<tr><td colspan="2">车辆外观检查</td><td colspan="5">车辆内饰检查</td></tr>
<tr><td>凹凸 □
划痕 □
石击 □
油漆 □</td><td>前保险杠、发动机舱、左前翼子板、右前翼子板、左前门、右前门、车顶、左后门、右后门、左后翼子板、右后翼子板、行李舱、后保险杠</td><td colspan="2">污渍 □
破损 □
色斑 □
变形 □</td><td colspan="3"></td></tr>
<tr><td>明确具体工作任务</td><td colspan="6"></td></tr>
</table>

任务目标

- 能够正确拆装 CD 主机
- 能够正确安装倒车影像
- 能够正确安装行车记录仪

续表

 任务内容	● 拆装 CD 主机 ● 拆装行李箱开关和安装翻盖式后摄像头 ● 布置后摄像头线束 ● 安装行车记录仪并布线
 任务重点	● 拆装 CD 主机 ● 拆装行李箱开关和安装翻盖式后摄像头 ● 布置后摄像头线束

一、任务准备

准备本次任务所需要的主要物品。

 笔记本电脑	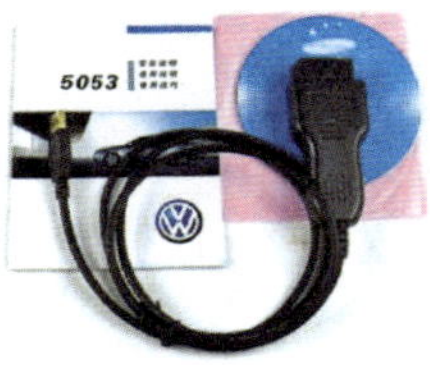 5053 诊断线	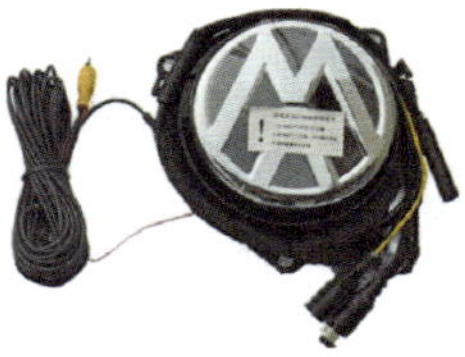 原厂翻盖式后摄像头
 摄像头连接线	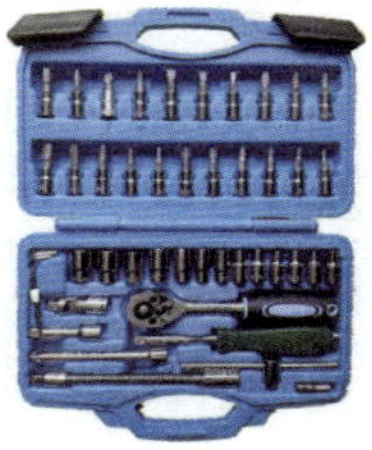 小棘轮套筒套装	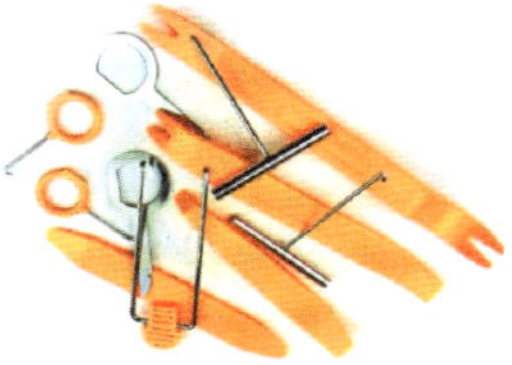 撬板套装
 手电筒	 尖头镊子	 实训车辆
 双金属头网关线	 大众专用诊断仪	 熔丝取电器

大众音响转接线	斜口钳	大众倒车影像校准工具 VAS6350
扎带	门板卡子拆装工具	车用耐高温胶带
热塑套管	热风枪	剪刀

二、防护措施

1. 操作人员应身穿工作服、戴工作帽、戴手套、穿工作鞋。工作服纽扣与拉链及皮带扣应藏于衣服内侧，袖口、领口、裤脚扣紧；女生长发应盘放在工作帽内。

2. 车辆进入车间内，应停放至指定地点，熄灭发动机，将变速器置于空挡并拉紧驻车制动器。

3. 维修操作前，应铺设翼子板布及内饰防护三件套，发动机启动前应确保其他实训人员远离车辆，并连接尾气排放设备。

4. 任何时间操作电气设备时都应注意用电安全。作业结束之后，应及时切断一切用电设备的电源。

5. 车间应配有干粉灭火器及相应消防设施，易燃油品应存放在密封的金属罐中。

6. 操作过程中应做到油品、工具、配件三不落地，作业完毕后应及时清理车间工作场地，实现现场 5S 管理。

三、任务实施

（一）安装升级 CD 主机

1. 任务分配

每 5 人一组，推选组长，组长对小组任务进行分配，组员按组长的要求完成相关工作内容，并将

自己所在小组分工及个人工作内容填入表 2–1 中。

表 2–1　任务分配表

任务	职务	姓名	工作内容
安装升级 CD 主机	组长		
	组员		

2. 操作步骤

根据实施过程完成表 2–2 中操作步骤的排序。

表 2–2　操作步骤

项目	顺序	工作内容
安全防护和准备工作		铺设翼子板布和内饰防护三件套
		将车辆停在指定位置、熄火，拉起驻车制动器
		车辆基本检查，记录车辆异常情况，请客户签字确认并提醒客户随身携带贵重物品
安装升级 CD 主机		用撬板将原 CD 主机周围的装饰框拆掉
		规范拿出原 CD 主机，注意不要拽断后面的线束
		使用 T20 内六角旋具依次将原 CD 主机四个角的固定螺钉卸掉，注意卸下的螺钉要收好，不要掉到仪表台内部
		依次把喇叭插接器和天线插接器从 CD 主机身后取下，然后将原 CD 主机取下
		将新 CD 主机（RCD510）放进 CD 主机安装孔内，然后打开播放机开关，开机后会提示输入密码，输入正确的密码就可以进入菜单页面
		对比原车喇叭插接器和新 CD 主机（RCD510）是否匹配，如果匹配则直接安装；如果不匹配，则安装大众音响转接线，一端连接原车喇叭线束，另一端插入新 CD 主机插孔。安装好天线插接器
		进入之后逐项测试收音机功能、CD 播放功能是否正常
		如果各项正常，依次安装 CD 主机四个角的固定螺钉以及 CD 主机周围的装饰框
整理现场		整理工具，收拾现场卫生
		撤去翼子板布和内饰防护三件套

（二）安装倒车影像

1. 任务分配

每 5 人一组，推选组长，组长对小组任务进行分配，组员按组长的要求完成相关工作内容，并将自己所在小组分工及个人工作内容填入表 2–3 中。

表 2-3 任务分配表

任务	职务	姓名	工作内容
安装倒车影像	组长		
	组员		

2. 操作步骤

根据实施过程完成表 2-4 中操作步骤的排序。

表 2-4 操作步骤

项目	顺序	工作内容
安全防护和准备工作		将车辆停在指定位置、熄火，拉起驻车制动器
		车辆基本检查，记录车辆异常情况，请客户签字确认并提醒客户随身携带贵重物品
		铺设翼子板布和内饰防护三件套
拆原车行李箱开关		依次解锁并脱开行李箱开关所有线束插接器
		打开行李箱盖，拆下固定行李箱装饰板的 2 个盖罩，使用门板卡子拆装工具松开行李箱锁盖罩，脱开行李箱装饰板
		拧松并拆下 3 个行李箱开关固定螺栓，解锁并脱开排水软管，然后调整行李箱开关至合适位置并取下
安装原厂翻盖式后摄像头总成		将排水软管插到翻盖式后摄像头总成下面的软管接头上
		检查翻盖式后摄像头总成密封件，确保密封件已被完全嵌在凹槽内
		将翻盖式后摄像头总成安装到行李箱盖内并旋转调整至正确位置，然后安装 3 个固定螺栓
		完成后摄像头线束所有插接器的连接，并用导线支架固定导线和插接器，以防产生噪声
		完成安装后，用非纤维质的抹布清洁后摄像头镜头
		将翻盖式后摄像头总成的徽标对准行李箱盖内车身开口的中心，用规定的拧紧力矩（一般为 4 N · m）拧紧 3 个紧固螺栓
		按照拆卸顺序的倒序安装行李箱装饰板、行李箱锁盖罩、行李箱装饰板盖罩
布线		用车用耐高温胶带将新增加的线束缠在一起，方便布线
		将新增线束沿着行李箱盖线束依次经过行李箱支撑支架、后排座椅、左 C 柱、左 B 柱，到达左 A 柱下，然后经过转向盘下方到达 CD 主机，注意做好新增线束的固定
		将后摄像头线束插入 CD 主机后端摄像头线束插孔
连接 CAN 线		如果是舒适 CAN 线，则使用双金属头网关线连接新 CD 主机（RCD510）与网关娱乐信息 CAN 线
		观察原车 CD 主机线束中有无 CAN 线，如果有，需要根据电路图判断是舒适 CAN 线还是娱乐信息 CAN 线

续表

项目	顺序	工作内容
连接 CAN 线		拆下转向盘下面的护板，拆下网关插接器（加速踏板上面，红色），观察网关的 10 号和 20 号针脚有无端子，如果有，则将 CD 主机线束端子 T16d/10 连接到网关的 10 号针脚，将 CD 主机线束端子 T16d/9 连接到网关的 20 号针脚；如果网关对应针脚没有端子，则分别将 CD 主机线束 T16d/10、T16d/9 连接好端子后插入网关插接器的 10 号、20 号针脚
编码		使用 5053 诊断软件和诊断线，进入“19 网关”，点击“安装列表”，在弹出界面内勾选“56 收音协调器”后确认退出，在网关长编码中修改对应倒车影像的编码，完成倒车影像系统在网关处的注册
		根据 CD 主机种类分别进入相应的模块，进行倒车影像的编码修改
		RCD510 编码：56 收音调谐器→编码控制 07 →字节 3 里的 bit6 打钩。重启 RCD510 RNS315 和 RNS510 编码：37 导航系统→编码控制 07 →字节 3 里的 bit6 打钩。重启 RNS510
验证		使用 5053 诊断软件扫描全车电控单元，查看有无异常故障码
		打开点火开关，踩下制动踏板，挂入倒挡，查看倒车影像系统是否正常。如果有倒车轨迹，需校准倒车影像系统
校准倒车影像		使用大众专用诊断仪（5053 诊断软件）进入“6C 倒车摄像机系统”，选择“校准”
		校准条件：车辆停在水平地面、点火开关打开、行李箱关闭、VAS6350 校准装置放置到位
		按照大众专用诊断仪校准过程的提示，逐步完成倒车影像的校准工作
整理现场		将拆下的零部件全部安装回原位，然后撤去翼子板布和内饰防护三件套
		整理工具，收拾现场卫生

（三）安装行车记录仪

1. 任务分配

每 5 人一组，推选组长，组长对小组任务进行分配，组员按组长的要求完成相关工作内容，并将自己所在小组分工及个人工作内容填入表 2–5 中。

表 2–5　任务分配表

任务	职务	姓名	工作内容
安装行车记录仪	组长		
	组员		

2. 操作步骤

根据实施过程完成表 2–6 中操作步骤的排序。

表 2-6 操作步骤

项目	顺序	工作内容
安全防护和准备工作		将车辆停在指定位置、熄火，拉起驻车制动器
		铺设翼子板布和内饰防护三件套
		车辆基本检查，记录车辆异常情况，请客户签字确认并提醒客户随身携带贵重物品
安装行车记录仪（后视镜版）		准备行车记录仪和 2 个专用弹性固定圈
		将行车记录仪安装在原车内后视镜上，然后在行车记录仪左右两侧预留的安装位置处分别用专用弹性固定圈将行车记录仪固定好
安装行车记录仪供电（点烟器供电）		将原车点烟器取下并保存好（以备后期需要时使用），将行车记录仪电源头插入点烟器孔中。将电源线另外一端插入行车记录仪电源孔内，测试行车记录仪是否正常工作，如果工作正常，说明安装正确
		准备好行车记录仪携带的点烟器式电源线
安装行车记录仪供电（熔丝盒供电）		准备好行车记录仪携带的熔丝盒式电源线（带降压功能）
		在熔丝盒内查找接地点，将熔丝盒固定螺栓拧松 3～4 圈，然后将熔丝盒式电源线的接地线插进去，再拧紧固定螺栓，确保接地线连接良好
		将车辆仪表台左侧熔丝盒盖板拆掉，在熔丝盒内查找点烟器熔丝并拔掉，然后将拔掉的熔丝插在取电器上，再将取电器插入原点烟器熔丝插槽内
		预留足够长的电源线，使用扎带将剩余的电源线和降压模块在熔丝盒内固定好，等布线工作完成后安装左侧熔丝盒盖板
布线		在行车记录仪处保留适当长度的电源线，将剩余电源线依次塞入汽车顶棚内
		在点烟器处保留适当长度的电源线，然后将剩余的电源线顺着中控台缝隙引到手套箱下面
		将行车记录仪电源线沿着顶棚依次经过右前 A 柱、右前车门与仪表台连接处，引到手套箱下面
		将剩余的电源线保留适当的长度后捆扎好，并固定在手套箱下面护板上
验证		调整行车记录仪摄像头角度，保证所拍的区域为车辆正前方且不倾斜；将电源线插入行车记录仪电源孔，保证行车记录仪供电正常
		启动发动机，检查行车记录仪是否正常工作；关闭发动机，锁好车辆，检查行车记录仪是否正常关闭
整理现场		将拆下的零部件全部安装回原位，然后撤去翼子板布和内饰防护三件套
		整理工具，收拾现场卫生

四、检查

（一）自检

对任务执行过程中的操作规范性进行检查，检查操作过程中是否存在以下问题，分析讨论应如何避免并总结规范的操作方法，填写表 2-7。

表 2-7 自检

检查项目	结果
车辆停放位置是否合适，是否将变速器置于空挡并拉紧驻车制动器	是 □ 否 □
是否使用三件套对车辆进行防护	是 □ 否 □
拆装 CD 主机过程是否规范	是 □ 否 □
拆装行李箱开关是否规范	是 □ 否 □
倒车影像编码是否正确	是 □ 否 □
加装的倒车影像工作是否正常	是 □ 否 □
行车记录仪工作是否正常	是 □ 否 □
工作场地是否清洁，车辆是否复位	是 □ 否 □

（二）互检

组与组之间进行操作过程及结果检查，填写表 2-8。

表 2-8 互检

检查项目	结果
车辆停放位置是否合适，是否将变速器置于空挡并拉紧驻车制动器	是 □ 否 □
是否使用三件套对车辆进行防护	是 □ 否 □
拆装 CD 主机过程是否规范	是 □ 否 □
拆装行李箱开关是否规范	是 □ 否 □
倒车影像编码是否正确	是 □ 否 □
加装的倒车影像工作是否正常	是 □ 否 □
行车记录仪工作是否正常	是 □ 否 □
工作场地是否清洁，车辆是否复位	是 □ 否 □

五、课堂小结

情境二

汽车美容

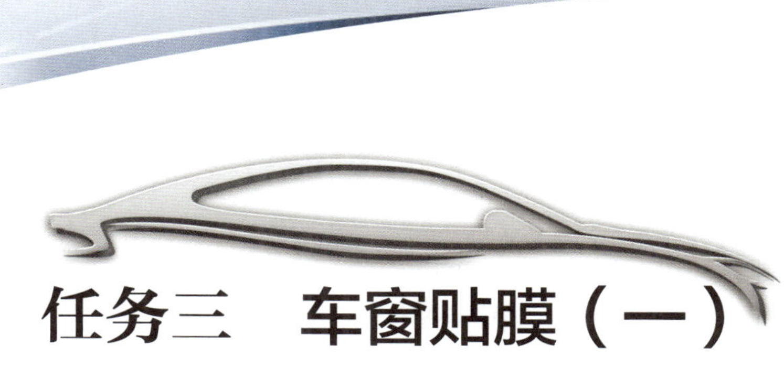

任务三　车窗贴膜（一）

车窗贴膜——车门玻璃贴膜任务工单						
客户信息	客户姓名		联系电话		接单日期	
车辆信息	车辆品牌		出厂日期		行驶里程	
	车辆年款		车身颜色		其他	
任务描述	安装 CD 主机 □　清洗车辆 □　车辆抛光 □ 车窗贴膜 □　安装倒车影像 □　安装行车记录仪 □ 其他项目：					
车辆外观检查			车辆内饰检查			
凹凸 □	前保险杠　左前翼子板　发动机舱　右前翼子板　左前门　右前门　车顶　左后门　右后门　左后翼子板　右后翼子板　行李舱　后保险杠		污渍 □			
划痕 □			破损 □			
石击 □			色斑 □			
油漆 □			变形 □			
明确具体工作任务						
任务目标	● 能够正确规范地给车辆车门玻璃贴膜 ● 能够正确规范地给车辆前后风窗玻璃贴膜					

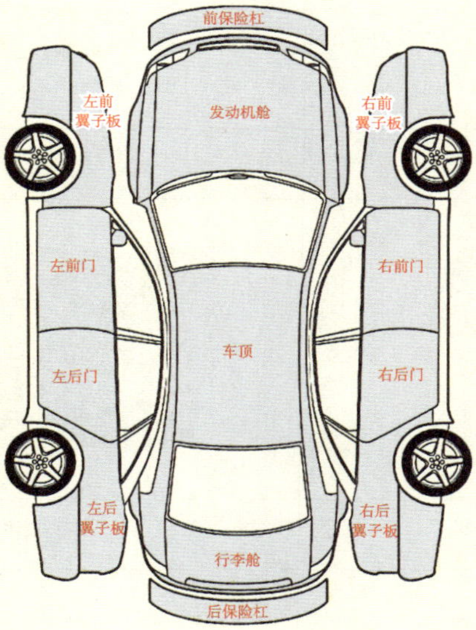

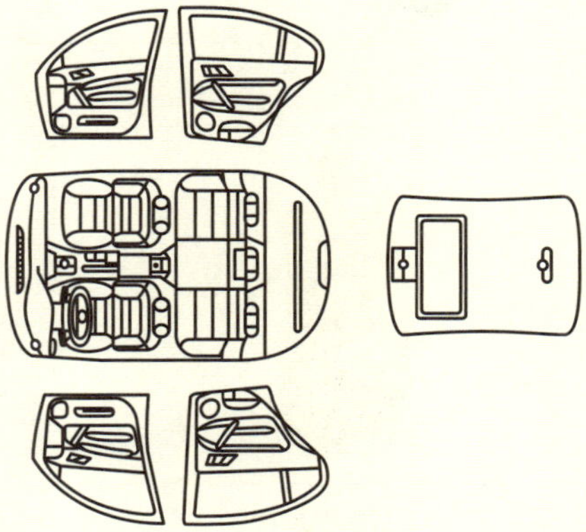

续表

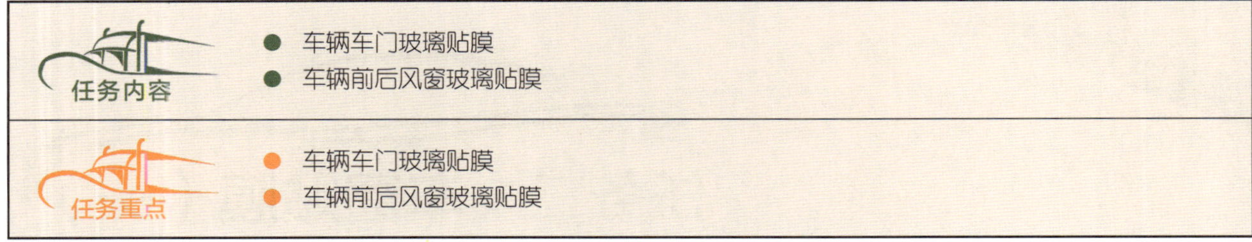

任务内容	● 车辆车门玻璃贴膜 ● 车辆前后风窗玻璃贴膜
任务重点	● 车辆车门玻璃贴膜 ● 车辆前后风窗玻璃贴膜

一、任务准备

准备本次任务所需要的主要物品。

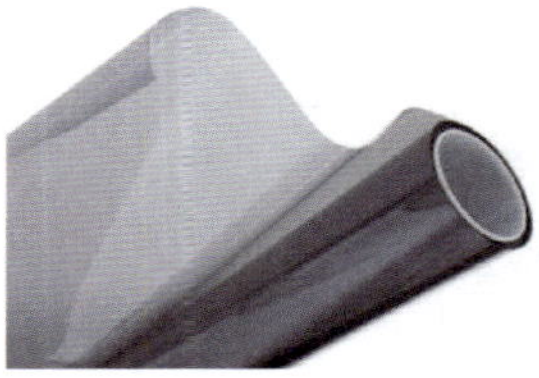 汽车车窗用膜	 实训车辆	 热风枪
 剪刀	 直尺	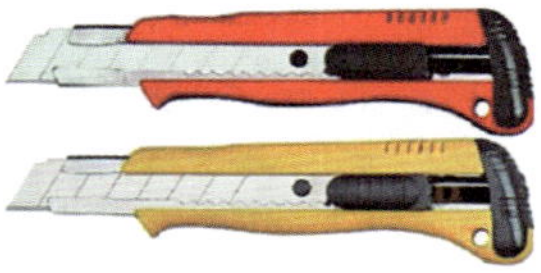 壁纸刀
 贴膜液	 压力喷壶	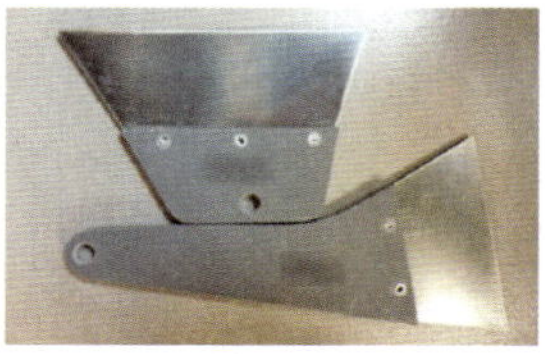 钢刮板
 吸水布	 胶皮刮板	白画笔

二、防护措施

1. 操作人员应身穿工作服、戴工作帽、戴手套、穿工作鞋。工作服纽扣与拉链及皮带扣应藏于衣服内侧，袖口、领口、裤脚扣紧；女生长发应盘放在工作帽内。

2. 车辆进入车间内，应停放至指定地点，熄灭发动机，将变速器置于空挡并拉紧驻车制动器。

3. 为保证贴膜质量，必须具备专业的贴膜环境，要求区域密闭、地面整洁、光线充足。

4. 贴膜区推荐配备贴膜专用的喷淋装置，降低空气浮尘，减少贴膜气泡的产生。

5. 车间应配有干粉灭火器及相应消防设施，易燃油品应存放在密封的金属罐中。

6. 操作过程中应做到油品、工具、配件三不落地，作业完毕后应及时清理车间工作场地，实现现场 5S 管理。

三、任务实施

（一）车辆四个车门玻璃贴膜

1. 任务分配

每 5 人一组，推选组长，组长对小组任务进行分配，组员按组长的要求完成相关工作内容，并将自己所在小组分工及个人工作内容填入表 3–1 中。

表 3–1 任务分配表

任务	职务	姓名	工作内容
车辆四个车门玻璃贴膜	组长		
	组员		

2. 操作步骤

根据实施过程完成表 3–2 中操作步骤的排序。

表 3–2 操作步骤

项目	顺序	工作内容
安全防护和准备工作		车辆基本检查，记录车辆异常情况，请客户签字确认并提醒客户随身携带贵重物品
		用专业的塑料保护套将车内饰和车身不需要贴膜的部分包裹起来，以免被弄脏或刮伤
		将车辆停在无尘车间（如果无，可选尽量封闭场地）指定位置后熄火，拉起驻车制动器
		进行喷淋降尘
		清洗车辆，贴膜前将车身清洗干净，减少灰尘，提高贴膜质量

续表

项目	顺序	工作内容
右前车门、左前车门、左后车门、右后车门玻璃贴膜（以右前车门玻璃贴膜为例）		使用毛巾将右前车门门板内侧遮挡住，以免贴膜过程中进水或者产生划伤
		清洗车门玻璃，注意车窗胶边、缝隙中的灰尘。清洗干净后，在表面喷一遍贴膜液，并将车窗略降低
		在整张膜上裁出一块比样板上下都大 3 cm 的膜，留出的余量主要用于修边及玻璃密封条以下部分贴膜
		准备一张采样膜，按照右前车门玻璃形状大小裁出窗膜的样板。建议将样板做好车型标记后妥善保存
		使用清水冲洗裁好的窗膜，目的是将膜表面的灰尘冲洗干净，减少贴膜时产生的灰点
		将窗膜按照对应形状和位置贴在玻璃上，上部边缘略高于车窗玻璃；使用胶皮刮板将上部窗膜水分刮掉，以固定窗膜。贴膜前一定要在膜表面喷贴膜液
		双手浸湿贴膜液后从上往下撕开窗膜外表的保护层至大约 1/2 处，并在窗膜含胶层喷洒贴膜液
		使用刀片将略高的窗膜沿车窗上部边缘裁掉。注意一定要用锋利的刀片（钝刀片操作时易划破窗膜及玻璃），并且注意避免划伤玻璃
		使用吸水布包裹钢刮板，用力排出窗膜与玻璃之间的水分
		将车窗下部没有处理的窗膜掀起，在玻璃上喷洒贴膜液，同时将窗膜的保护层撕掉
		一手控制玻璃升降开关，一手扶着玻璃将车窗升回原位
		将窗膜顺玻璃贴上，并使用钢刮板将窗膜轻轻顺进玻璃胶条下，然后使用胶皮刮板刮膜
		将窗膜向下整体移动 3 mm，以防止车窗玻璃经常上下移动使窗膜卷边
		将刚刚撕掉的保护膜重新铺在窗膜上，然后使用钢刮板用力刮膜，彻底排出膜和玻璃之间的水分，之后撕掉保护膜
		重复以上施工步骤，完成其他车门玻璃贴膜
整理现场		整理工具及现场卫生，交车
		检查全部施工部位，撤掉全车防护罩，并将车内、车外擦拭干净。在车窗玻璃升降开关处贴上提示规定天数后才能使用的贴纸

（二）车辆前后风窗玻璃贴膜

1. 任务分配

每 5 人一组，推选组长，组长对小组任务进行分配，组员按组长的要求完成相关工作内容，并将自己所在小组分工及个人工作内容填入表 3-3 中。

表 3-3　任务分配表

任务	职务	姓名	工作内容
车辆前后风窗玻璃贴膜	组长		
	组员		

2. 操作步骤

根据实施过程完成表 3–4 中操作步骤的排序。

表 3–4 操作步骤

项目	顺序	工作内容
安全防护和准备工作		清洗车辆，贴膜前将车身清洗干净，减少灰尘，提高贴膜质量
		用专业的塑料保护套将仪表台包裹起来，以免贴膜液渗透而损坏电路
		将车辆停在无尘车间（如果无，可选尽量封闭场地）指定位置后熄火，拉起驻车制动器
		进行喷淋降尘
		车辆基本检查，记录车辆异常情况，请客户签字确认并提醒客户随身携带贵重物品
前后风窗玻璃贴膜（以前风窗玻璃贴膜为例）		测量前风窗玻璃的长度和高度，由于前后风窗玻璃弧度较大，所以贴膜前必须烤膜。因为风窗膜都是顺向收缩，所以裁前后风窗膜时要按照风窗玻璃长度顺向裁剪
		将前风窗玻璃膜保护层向外铺在前风窗外侧，上下左右对好距离后，将玻璃边框浮点以外多余的窗膜剪掉
		首先将前风窗玻璃外侧清洗干净，以免烤膜时灰尘进入而损坏窗膜
		在前风窗膜上喷洒贴膜液，以便于刮膜
		按照玻璃的弧度，使用塑料刮板将前风窗膜分成几块褶皱
		使用贴膜专用烤枪，配合塑料刮板将窗膜上的褶皱烤平。注意控制烤枪温度高低以及其与窗膜的距离，以免烤坏窗膜或者烤炸玻璃
		使用胶皮刮板将前风窗膜按前风窗玻璃弧度刮平
		使用刀片或者白画笔，按照风窗边浮点走向在窗膜上划出印迹。注意划的力度，避免划伤窗膜
		划出印迹后，将前风窗膜铺在裁膜案上，使用刀片按照取好的印迹将多余的前风窗膜裁掉
		使用胶皮刮板自上而下清洁前风窗玻璃，并反复喷贴膜液及刮玻璃，确保玻璃干净。注意：贴前风窗玻璃膜时最好两人配合操作，且操作过程中紧关车门，减少灰尘；贴膜液喷壶最好使用手动喷头，确保喷出的贴膜液细密，喷在前风窗上不流动；前风窗玻璃和仪表台缝隙处除使用保护套外，还应使用吸水布，防止贴膜液进入仪表台
		两人配合将窗膜保护层撕掉，注意撕膜前手指需用贴膜液喷湿，以免在膜上留下手印。另外，需保证撕膜过程中窗膜含胶层不与任何物体碰触，然后在含胶层上均匀喷洒贴膜液
		在刮干净的前风窗玻璃上均匀喷贴膜液，然后两人配合，将窗膜铺在前风窗玻璃上，并上下左右调整好距离
		将刚刚撕掉的保护膜铺上，使用钢刮板在保护膜上用力刮膜，以彻底排除水分，最后将保护膜撕掉
		在铺好的窗膜上喷洒贴膜液，使用胶皮刮板由中心向外刮膜，清除水分，并将窗膜固定在玻璃上
		使用吸水布包裹钢刮板，在窗膜边缘用力排出水分，贴膜完毕
		使用相同方法给后风窗玻璃贴膜
整理现场		整理工具及现场卫生，交车
		检查全部施工部位，撤掉全车防护罩，并将车内、车外擦拭干净

四、检查

（一）自检

对任务执行过程中的操作规范性进行检查，检查操作过程中是否存在以下问题，分析讨论应如何避免并总结规范的操作方法，填写表 3–5。

表 3–5　自检

检查项目	结果
车辆停放位置是否合适，是否将变速器置于空挡并拉紧驻车制动器	是 □　否 □
是否用专业塑料保护套对车辆仪表台、内饰等进行防护	是 □　否 □
车门玻璃贴膜过程是否规范	是 □　否 □
前风窗玻璃贴膜过程是否规范	是 □　否 □
后风窗玻璃贴膜过程是否规范	是 □　否 □
检查全车贴膜是否均正常，无气泡	是 □　否 □
各种工具使用是否规范	是 □　否 □
工作场地是否清洁，车辆是否复位	是 □　否 □

（二）互检

组与组之间进行操作过程及结果检查，填写表 3–6。

表 3–6　互检

检查项目	结果
车辆停放位置是否合适，是否将变速器置于空挡并拉紧驻车制动器	是 □　否 □
是否用专业塑料保护套对车辆仪表台、内饰等进行防护	是 □　否 □
车门玻璃贴膜过程是否规范	是 □　否 □
前风窗玻璃贴膜过程是否规范	是 □　否 □
后风窗玻璃贴膜过程是否规范	是 □　否 □
检查全车贴膜是否均正常，无气泡	是 □　否 □
各种工具使用是否规范	是 □　否 □
工作场地是否清洁，车辆是否复位	是 □　否 □

五、课堂小结

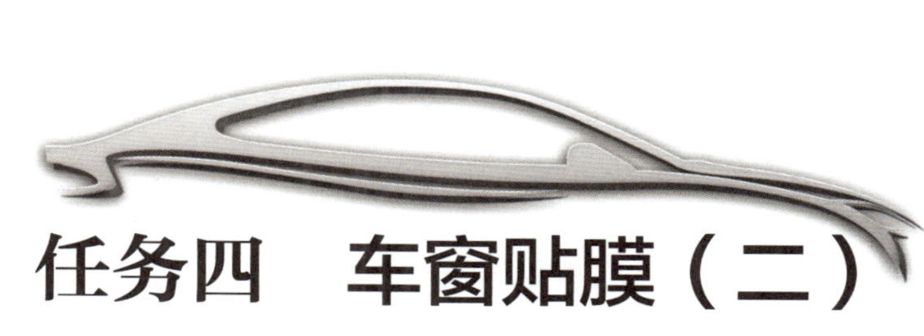

任务四　车窗贴膜（二）

<table>
<tr><th colspan="7">车窗贴膜——前后风窗玻璃贴膜任务工单</th></tr>
<tr><td>客户信息</td><td>客户姓名</td><td></td><td>联系电话</td><td></td><td>接单日期</td><td></td></tr>
<tr><td rowspan="2">车辆信息</td><td>车辆品牌</td><td></td><td>出厂日期</td><td></td><td>行驶里程</td><td></td></tr>
<tr><td>车辆年款</td><td></td><td>车身颜色</td><td></td><td>其他</td><td></td></tr>
<tr><td>任务描述</td><td colspan="6">安装 CD 主机 □　清洗车辆 □　车辆抛光 □
车窗贴膜 □　安装倒车影像 □　安装行车记录仪 □
其他项目：</td></tr>
<tr><th colspan="3">车辆外观检查</th><th colspan="4">车辆内饰检查</th></tr>
<tr><td>凹凸 □
划痕 □
石击 □
油漆 □</td><td colspan="2">前保险杠
左前翼子板
发动机舱
右前翼子板
左前门
右前门
车顶
左后门
右后门
左后翼子板
右后翼子板
行李舱
后保险杠</td><td>污渍 □
破损 □
色斑 □
变形 □</td><td colspan="3"></td></tr>
<tr><td>明确具体工作任务</td><td colspan="6"></td></tr>
</table>

任务目标

- 能够正确规范地给车辆车门玻璃贴膜
- 能够正确规范地给车辆前后风窗玻璃贴膜

续表

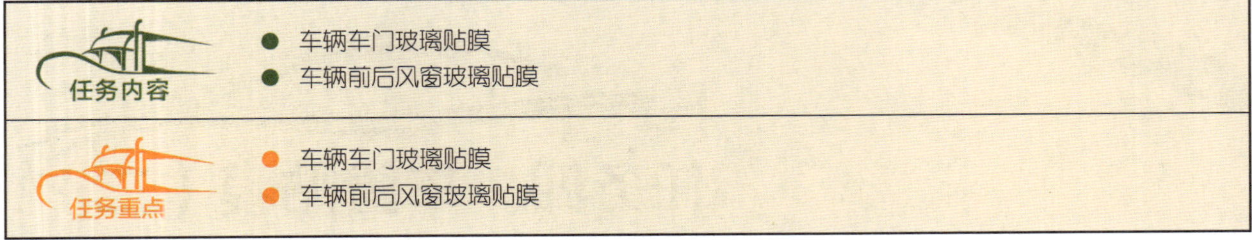

任务内容	● 车辆车门玻璃贴膜 ● 车辆前后风窗玻璃贴膜
任务重点	● 车辆车门玻璃贴膜 ● 车辆前后风窗玻璃贴膜

一、任务准备

准备本次任务所需要的主要物品。

 汽车车窗用膜	 实训车辆	 热风枪
 剪刀	 直尺	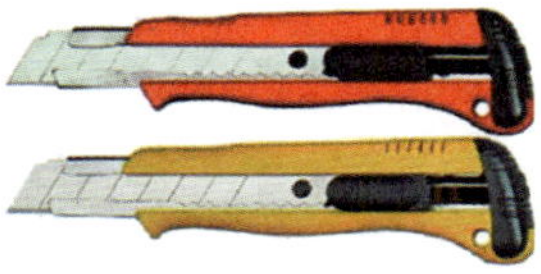 壁纸刀
 贴膜液	 压力喷壶	 钢刮板
 吸水布	 胶皮刮板	 白画笔

二、防护措施

1. 操作人员应身穿工作服、戴工作帽、戴手套、穿工作鞋。工作服纽扣与拉链及皮带扣应藏于衣服内侧，袖口、领口、裤脚扣紧；女生长发应盘放在工作帽内。

2. 车辆进入车间内，应停放至指定地点，熄灭发动机，将变速器置于空挡并拉紧驻车制动器。

3. 为保证贴膜质量，必须具备专业的贴膜环境，要求区域密闭、地面整洁、光线充足。

4. 贴膜区推荐配备贴膜专用的喷淋装置，降低空气浮尘，减少贴膜气泡的产生。

5. 车间应配有干粉灭火器及相应消防设施，易燃油品应存放在密封的金属罐中。

6. 操作过程中应做到油品、工具、配件三不落地，作业完毕后应及时清理车间工作场地，实现现场 5S 管理。

三、任务实施

（一）车辆四个车门玻璃贴膜

1. 任务分配

每 5 人一组，推选组长，组长对小组任务进行分配，组员按组长的要求完成相关工作内容，并将自己所在小组分工及个人工作内容填入表 4–1 中。

表 4–1 任务分配表

任务	职务	姓名	工作内容
车辆四个车门玻璃贴膜	组长		
	组员		

2. 操作步骤

根据实施过程完成表 4–2 中操作步骤的排序。

表 4–2 操作步骤

项目	顺序	工作内容
安全防护和准备工作		清洗车辆，贴膜前将车身清洗干净，减少灰尘，提高贴膜质量
		车辆基本检查，记录车辆异常情况，请客户签字确认并提醒客户随身携带贵重物品
		将车辆停在无尘车间（如果无，可选尽量封闭场地）指定位置后熄火，拉起驻车制动器
		进行喷淋降尘
		用专业的塑料保护套将车内饰和车身不需要贴膜的部分包裹起来，以免被弄脏或刮伤

续表

项目	顺序	工作内容
右前车门、左前车门、左后车门、右后车门玻璃贴膜（以右前车门玻璃贴膜为例）		使用毛巾将右前车门门板内侧遮挡住，以免贴膜过程中进水或者产生划伤
		准备一张采样膜，按照右前车门玻璃形状大小裁出窗膜的样板。建议将样板做好车型标记后妥善保存
		使用清水冲洗裁好的窗膜，目的是将膜表面的灰尘冲洗干净，减少贴膜时产生的灰点
		清洗车门玻璃，注意车窗胶边、缝隙中的灰尘。清洗干净后，在表面喷一遍贴膜液，并将车窗略降低
		在整张膜上裁出一块比样板上下都大 3 cm 的膜，留出的余量主要用于修边及玻璃密封条以下部分贴膜
		将窗膜按照对应形状和位置贴在玻璃上，上部边缘略高于车窗玻璃；使用胶皮刮板将上部窗膜水分刮掉，以固定窗膜。贴膜前一定要在膜表面喷贴膜液
		双手浸湿贴膜液后从上往下撕开窗膜外表的保护层至大约 1/2 处，并在窗膜含胶层喷洒贴膜液
		使用刀片将略高的窗膜沿车窗上部边缘裁掉。注意一定要用锋利的刀片（钝刀片操作时易划破窗膜及玻璃），并且注意避免划伤玻璃
		使用吸水布包裹钢刮板，用力排出窗膜与玻璃之间的水分
		将车窗下部没有处理的窗膜掀起，在玻璃上喷洒贴膜液，同时将窗膜的保护层撕掉
		将窗膜顺玻璃贴上，并使用钢刮板将窗膜轻轻顺进玻璃胶条下，然后使用胶皮刮板刮膜
		将窗膜向下整体移动 3 mm，以防止车窗玻璃经常上下移动使窗膜卷边
		将刚刚撕掉的保护膜重新铺在窗膜上，然后使用钢刮板用力刮膜，彻底排出膜和玻璃之间的水分，之后撕掉保护膜
		一手控制玻璃升降开关，一手扶着玻璃将车窗升回原位
		重复以上施工步骤，完成其他车门玻璃贴膜
整理现场		检查全部施工部位，撤掉全车防护罩，并将车内、车外擦拭干净。在车窗玻璃升降开关处贴上提示规定天数后才能使用的贴纸
		整理工具及现场卫生，交车

（二）车辆前后风窗玻璃贴膜

1. 任务分配

每 5 人一组，推选组长，组长对小组任务进行分配，组员按组长的要求完成相关工作内容，并将自己所在小组分工及个人工作内容填入表 4–3 中。

表 4–3　任务分配表

任务	职务	姓名	工作内容
车辆前后风窗玻璃贴膜	组长		
	组员		

2. 操作步骤

根据实施过程完成表 4-4 中操作步骤的排序。

表 4-4 操作步骤

项目	顺序	工作内容
安全防护和准备工作		清洗车辆，贴膜前将车身清洗干净，减少灰尘，提高贴膜质量
		车辆基本检查，记录车辆异常情况，请客户签字确认并提醒客户随身携带贵重物品
		将车辆停在无尘车间（如果无，可选尽量封闭场地）指定位置后熄火，拉起驻车制动器
		进行喷淋降尘
		用专业的塑料保护套将仪表台包裹起来，以免贴膜液渗透而损坏电路
前后风窗玻璃贴膜（以前风窗玻璃贴膜为例）		测量前风窗玻璃的长度和高度，由于前后风窗玻璃弧度较大，所以贴膜前必须烤膜。因为风窗膜都是顺向收缩，所以裁前后风窗膜时要按照风窗玻璃长度顺向裁剪
		将前风窗玻璃膜保护层向外铺在前风窗外侧，上下左右对好距离后，将玻璃边框浮点以外多余的窗膜剪掉
		在前风窗膜上喷洒贴膜液，以便于刮膜
		首先将前风窗玻璃外侧清洗干净，以免烤膜时灰尘进入而损坏窗膜
		使用贴膜专用烤枪，配合塑料刮板将窗膜上的褶皱烤平。注意控制烤枪温度高低以及其与窗膜的距离，以免烤坏窗膜或者烤炸玻璃
		使用胶皮刮板将前风窗膜按前风窗玻璃弧度刮平
		按照玻璃的弧度，使用塑料刮板将前风窗膜分成几块褶皱
		使用刀片或者白画笔，按照风窗边浮点走向在窗膜上划出印迹。注意划的力度，避免划伤窗膜
		使用胶皮刮板自上而下清洁前风窗玻璃，并反复喷贴膜液及刮玻璃，确保玻璃干净。注意：贴前风窗玻璃膜时最好两人配合操作，且操作过程中紧关车门，减少灰尘；贴膜液喷壶最好使用手动喷头，确保喷出的贴膜液细密，喷在前风窗上不流动；前风窗玻璃和仪表台缝隙处除使用保护套外，还应使用吸水布，防止贴膜液进入仪表台
		划出印迹后，将前风窗膜铺在裁膜案上，使用刀片按照取好的印迹将多余的前风窗膜裁掉
		两人配合将窗膜保护层撕掉，注意撕膜前手指需用贴膜液喷湿，以免在膜上留下手印。另外，需保证撕膜过程中窗膜含胶层不与任何物体碰触，然后在含胶层上均匀喷洒贴膜液
		在刮干净的前风窗玻璃上均匀喷贴膜液，然后两人配合，将窗膜铺在前风窗玻璃上，并上下左右调整好距离
		在铺好的窗膜上喷洒贴膜液，使用胶皮刮板由中心向外刮膜，清除水分，并将窗膜固定在玻璃上
		使用吸水布包裹钢刮板，在窗膜边缘用力排出水分，贴膜完毕
		将刚刚撕掉的保护膜铺上，使用钢刮板在保护膜上用力刮膜，以彻底排除水分，最后将保护膜撕掉
		使用相同方法给后风窗玻璃贴膜
整理现场		整理工具及现场卫生，交车
		检查全部施工部位，撤掉全车防护罩，并将车内、车外擦拭干净

四、检查

（一）自检

对任务执行过程中的操作规范性进行检查，检查操作过程中是否存在以下问题，分析讨论应如何避免并总结规范的操作方法，填写表 4–5。

表 4–5　自检

检查项目	结果
车辆停放位置是否合适，是否将变速器置于空挡并拉紧驻车制动器	是 □　否 □
是否用专业塑料保护套对车辆仪表台、内饰等进行防护	是 □　否 □
车门玻璃贴膜过程是否规范	是 □　否 □
前风窗玻璃贴膜过程是否规范	是 □　否 □
后风窗玻璃贴膜过程是否规范	是 □　否 □
检查全车贴膜是否均正常，无气泡	是 □　否 □
各种工具使用是否规范	是 □　否 □
工作场地是否清洁，车辆是否复位	是 □　否 □

（二）互检

组与组之间进行操作过程及结果检查，填写表 4–6。

表 4–6　互检

检查项目	结果
车辆停放位置是否合适，是否将变速器置于空挡并拉紧驻车制动器	是 □　否 □
是否用专业塑料保护套对车辆仪表台、内饰等进行防护	是 □　否 □
车门玻璃贴膜过程是否规范	是 □　否 □
前风窗玻璃贴膜过程是否规范	是 □　否 □
后风窗玻璃贴膜过程是否规范	是 □　否 □
检查全车贴膜是否均正常，无气泡	是 □　否 □
各种工具使用是否规范	是 □　否 □
工作场地是否清洁，车辆是否复位	是 □　否 □

五、课堂小结

____

____

____

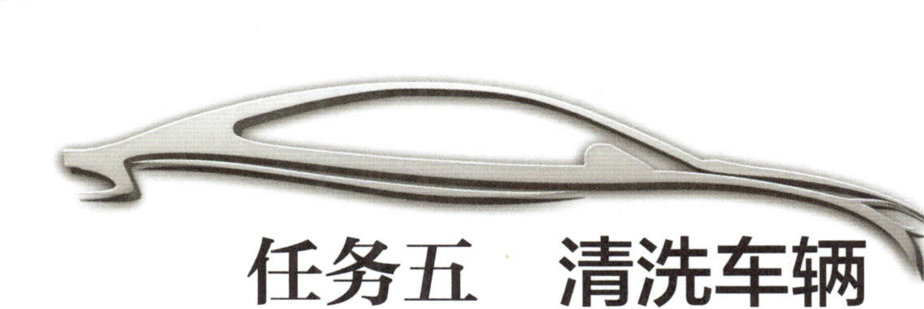

任务五　清洗车辆

清洗车辆任务工单						
客户信息	客户姓名		联系电话		接单日期	
车辆信息	车辆品牌		出厂日期		行驶里程	
	车辆年款		车身颜色		其他	
任务描述	安装 CD 主机 □　清洗车辆 □　车辆抛光 □ 车窗贴膜 □　安装倒车影像 □　安装行车记录仪 □ 其他项目：					
车辆外观检查			车辆内饰检查			
凹凸 □	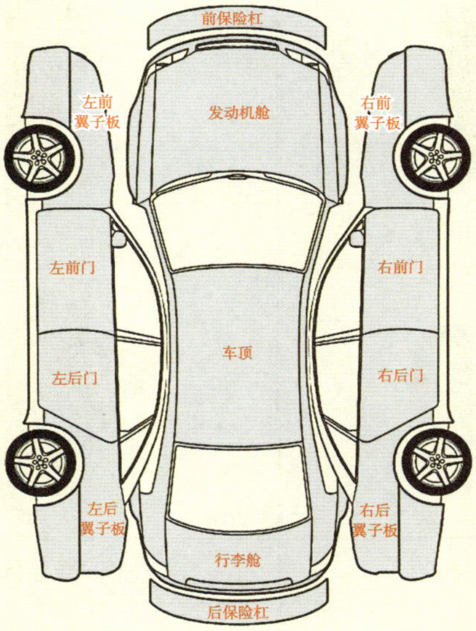 前保险杠 左前翼子板 发动机舱 右前翼子板 左前门 右前门 车顶 左后门 右后门 左后翼子板 右后翼子板 行李舱 后保险杠		污渍 □			
划痕 □			破损 □			
石击 □			色斑 □			
油漆 □			变形 □			
明确具体工作任务						

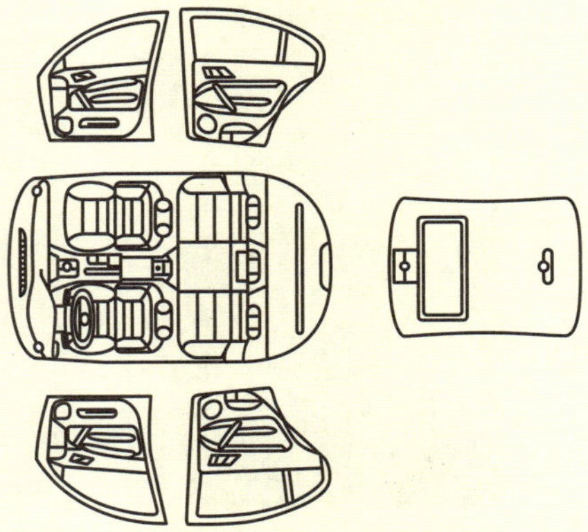

任务目标

- 能够正确规范地清洗车辆外观和车辆内饰
- 能够正确规范地使用洗车机、洗车专用泡沫机等设备和工具

续表

任务内容	● 清洗车辆外观 ● 清洗车辆内饰
任务重点	● 清洗车辆外观 ● 清洗车辆内饰

一、任务准备

准备本次任务所需要的主要物品。

 洗车机	 实训车辆	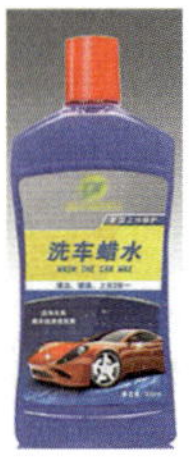 洗车蜡和水稀释液
 清洗专用海绵	 车辆底裙清洗专用水桶	 洗车专用泡沫机
 擦车大毛巾	 擦内饰专用毛巾	 擦玻璃专用毛巾
 空气压缩机	 压缩空气气枪	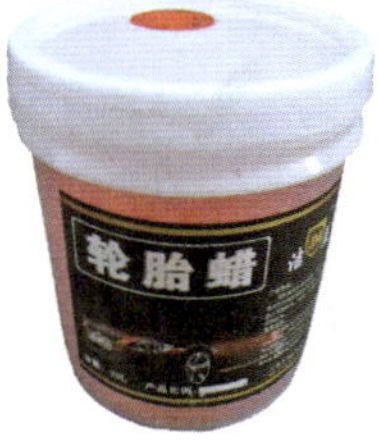 轮胎蜡

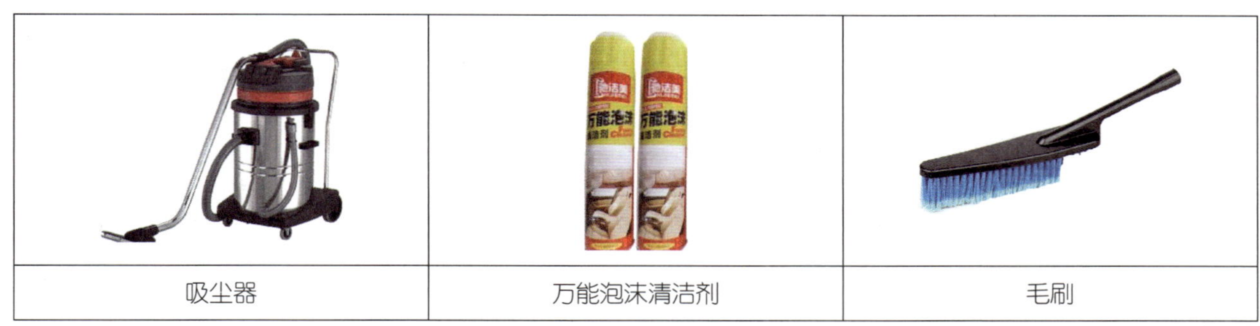

吸尘器	万能泡沫清洁剂	毛刷

二、防护措施

1. 操作人员应身穿防水工作服、戴工作帽、穿雨鞋。工作服纽扣与拉链及皮带扣应藏于衣服内侧，袖口、领口、裤脚扣紧；女生长发应盘放在工作帽内。

2. 车辆进入洗车房内，应停放至指定地点，熄灭发动机，将变速器置于空挡并拉紧驻车制动器。

3. 保持洗车房整体干净整洁。

4. 打沫、擦洗时应关水断电。洗车用品使用量应适中，不能浪费。

5. 车内垃圾不可乱扔，以免垃圾堵塞排水口。

6. 操作过程中应做到油品、工具、配件三不落地，作业完毕后应及时清理车间工作场地，实现现场 5S 管理。

三、任务实施

（一）清洗车辆外观

1. 任务分配

每 5 人一组，推选组长，组长对小组任务进行分配，组员按组长的要求完成相关工作内容，并将自己所在小组分工及个人工作内容填入表 5–1 中。

表 5–1　任务分配表

任务	职务	姓名	工作内容
清洗车辆外观	组长		
	组员		

2. 操作步骤

根据实施过程完成表 5–2 中操作步骤的排序。

表 5-2 操作步骤

项目	顺序	工作内容
安全防护和准备工作		将车辆停放到洗车房，检查各门窗是否关好，保证洗车房排水正常
		车辆外观检查、漆面检查，记录车辆异常情况，请客户签字确认并提醒客户随身携带贵重物品
		准备清洗车身专用的洗车蜡和水稀释液，准备清洗车辆底裙专用的水桶和海绵
		准备好洗车机，并保证洗车机用水充足
清洗车身		调整好洗车机水压和出水形状，距车身 40 cm 以上，从车顶开始冲洗，按水流规律，冲洗次序依次是从上至下、从前至后、从右至左
		依次冲洗左侧车门、左侧外后视镜、左侧车身底裙、左前侧翼子板、左前轮胎槽、左前轮胎和轮毂
		冲洗前风窗玻璃，玻璃密封胶条处泥沙要彻底清洗干净，但也要注意避免过度冲洗而损坏密封胶条及刮水器
		依次冲洗右侧车门、右侧外后视镜、右侧车身底裙
		依次冲洗后风窗玻璃、行李箱盖、右后翼子板、右后侧轮胎槽、右后侧轮胎和轮毂、行李箱尾部、后保险杠、左后翼子板、左后轮胎槽、左后轮胎和轮毂
		依次冲洗发动机舱盖、前保险杠、右前翼子板、右前侧轮胎槽、右前轮胎和轮毂。注意保险杠底部缝隙中和轮胎槽的泥沙较多，需重点、多次冲洗
喷洒泡沫、擦洗车辆		使用清洗车辆底裙专用的水桶和海绵对车辆底裙、轮胎、保险杠底部进行擦洗，注意擦车身的海绵和擦底裙的海绵不可混用
		使用洗车专用泡沫机按照洗车的顺序对全车喷洒清洁泡沫
		使用车身清洗专用海绵按照洗车的顺序对全车顶棚、玻璃、车门、车身进行擦洗
冲洗泡沫、擦车		调整好洗车机水压和出水形状，距车身 40 cm 以上，从车顶开始冲洗，按水流规律，冲洗次序依次是从上至下、从前至后、从右至左，将全车泡沫冲洗干净
		使用擦车大毛巾将车门上边、车门底边、车门侧边、车门踏板、行李箱盖边缘的水珠擦干
		使用压缩空气和吸水毛巾分别在四个车门边及窗边除水。因为这些缝隙中的水分是用擦车大毛巾擦不到的，等车辆移动时水就会从缝隙中流出，如果在冬天则会结冰，导致车门打不开
		使用擦车大毛巾从右前发动机舱盖开始擦起，将发动机舱盖、整个车身的水珠擦干净。如果是两个人操作，可将擦车大毛巾展开，两人站在车左右，分别拽住擦车大毛巾，从前往后将整个车身上的水珠擦掉。注意不要遗漏外侧后视镜
		给四个轮胎喷涂轮胎蜡，然后使用专用毛巾擦拭干净
		依次对外后视镜、门把手、行李箱盖、油箱盖、车灯、车标、刮水器等处进行除水操作
		使用擦玻璃专用毛巾将前后风窗玻璃、车门玻璃、前后大灯擦拭干净
整理现场		整理工具及现场卫生
		将洗车机、洗车专用泡沫机、各种擦车毛巾等放回指定位置

（二）清洗车辆内饰

1. 任务分配

每 5 人一组，推选组长，组长对小组任务进行分配，组员按组长的要求完成相关工作内容，并将

自己所在小组分工及个人工作内容填入表 5-3 中。

表 5-3 任务分配表

任务	职务	姓名	工作内容
清洗车辆内饰	组长		
	组员		

2. 操作步骤

根据实施过程完成表 5-4 中操作步骤的排序。

表 5-4 操作步骤

项目	顺序	工作内容
安全防护和准备工作		车辆外观检查、漆面检查，记录车辆异常情况，请客户签字确认并提醒客户随身携带贵重物品
		准备吸尘器、毛刷、擦内饰专用毛巾
		将车辆停放到洗车房，检查各门窗是否关好，保证洗车房排水正常
		准备万能泡沫清洁剂和对应擦拭毛巾
清洗内饰		将仪表台表面擦干净，如果有客户摆放物品，清洁后放归原处
		使用擦内饰专用毛巾将两个遮阳板清理干净，注意将遮阳板内的镜面清理干净
		使用毛刷清理空调出风口
		使用擦玻璃专用毛巾依次擦拭前风窗玻璃内侧、四个车门玻璃内侧、后风窗玻璃内侧
		将座椅调整到位，轻轻撤出原车脚垫，使用吸尘器将车内地毯及周边缝隙、座椅底部、行李箱内部的杂质和尘土吸干净
		使用擦内饰专用毛巾依次擦拭转向盘、仪表台、中控面板、手套箱、门板内侧，如果有脏污，先用万能泡沫清洁剂将脏污部位浸泡，再用对应毛巾擦拭
		使用洗车机将脚垫冲洗干净，再使用抹布擦拭后放回车内
整理现场		将洗车机、各种擦车毛巾等放回指定位置
		检查车辆清洗情况，存在未清洗干净的部位及时清洗干净
		交车给客户后，整理工具及现场卫生

四、检查

（一）自检

对任务执行过程中的操作规范性进行检查，检查操作过程中是否存在以下问题，分析讨论应如何避免并总结规范的操作方法，填写表 5-5。

表 5-5 自检

检查项目	结果
车辆停放位置是否合适，是否将变速器置于空挡并拉紧驻车制动器	是 □ 否 □
是否提前准备好洗车机、供水、汽车专用泡沫机	是 □ 否 □
洗车机水枪使用是否规范合理	是 □ 否 □
车辆外观清洗是否干净	是 □ 否 □
车辆内饰清洗是否干净	是 □ 否 □
交车前是否复检	是 □ 否 □
工作场地是否清洁	是 □ 否 □

（二）互检

组与组之间进行操作过程及结果检查，填写表 5-6。

表 5-6 互检

检查项目	结果
车辆停放位置是否合适，是否将变速器置于空挡并拉紧驻车制动器	是 □ 否 □
是否提前准备好洗车机、供水、汽车专用泡沫机	是 □ 否 □
洗车机水枪使用是否规范合理	是 □ 否 □
车辆外观清洗是否干净	是 □ 否 □
车辆内饰清洗是否干净	是 □ 否 □
交车前是否复检	是 □ 否 □
工作场地是否清洁	是 □ 否 □

五、课堂小结

任务六　车漆抛光

<table>
<tr><th colspan="6">车漆抛光任务工单</th></tr>
<tr><td>客户信息</td><td>客户姓名</td><td></td><td>联系电话</td><td></td><td>接单日期</td></tr>
<tr><td rowspan="2">车辆信息</td><td>车辆品牌</td><td></td><td>出厂日期</td><td></td><td>行驶里程</td></tr>
<tr><td>车辆年款</td><td></td><td>车身颜色</td><td></td><td>其他</td></tr>
<tr><td>任务描述</td><td colspan="5">安装 CD 主机 □　清洗车辆 □　车辆抛光 □
车窗贴膜 □　安装倒车影像 □　安装行车记录仪 □
其他项目：</td></tr>
<tr><th colspan="2">车辆外观检查</th><th colspan="4">车辆内饰检查</th></tr>
<tr><td>凹凸 □
划痕 □
石击 □
油漆 □</td><td>前保险杠
左前翼子板
发动机舱
右前翼子板
左前门
右前门
车顶
左后门
右后门
左后翼子板
右后翼子板
行李舱
后保险杠</td><td colspan="2">污渍 □
破损 □
色斑 □
变形 □</td><td colspan="2"></td></tr>
<tr><td>明确具体工作任务</td><td colspan="5"></td></tr>
<tr><td>任务目标</td><td colspan="5">● 能够正确规范地进行车漆抛光</td></tr>
</table>

续表

任务内容	● 车漆抛光
任务重点	● 车漆抛光

一、任务准备

准备本次任务所需要的主要物品。

洗车机	实训车辆	洗车蜡和水稀释液

清洗专用海绵	车辆底裙清洗专用水桶	毛刷

抛光机	洗车专用泡沫机	擦车大毛巾

空气压缩机	压缩空气气枪	轮胎蜡

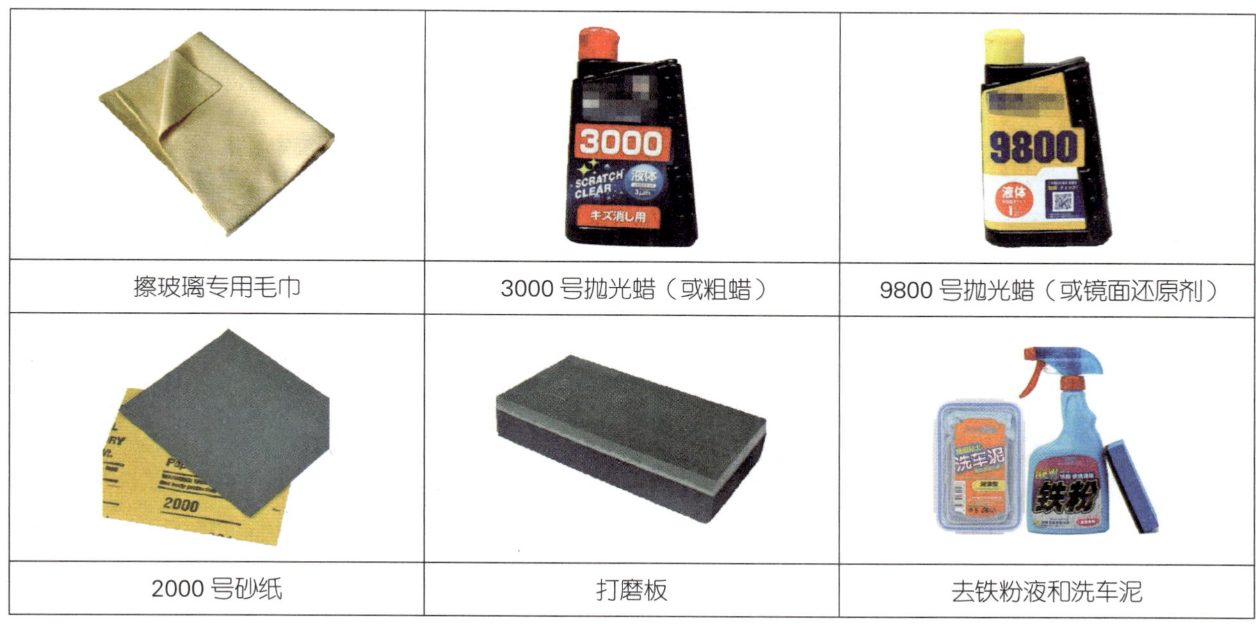

擦玻璃专用毛巾	3000 号抛光蜡（或粗蜡）	9800 号抛光蜡（或镜面还原剂）
2000 号砂纸	打磨板	去铁粉液和洗车泥

二、防护措施

1. 操作人员应身穿防水工作服、穿雨鞋，工作服纽扣与拉链及皮带扣应藏于衣服内侧，袖口、领口、裤脚扣紧。抛光操作时，操作人员需穿围裙防护。

2. 车辆进入洗车房内，应停放至指定地点，熄灭发动机，将变速器置于空挡并拉紧驻车制动器。

3. 保持洗车房整体干净整洁。

4. 打沫、擦洗时应关水断电。洗车用品用量应适中，不能浪费。

5. 车内垃圾不可乱扔，以免垃圾堵塞排水口。

6. 操作过程中应做到油品、工具、配件三不落地，作业完毕后应及时清理车间工作场地，实现现场 5S 管理。

三、任务实施

（一）清洗车辆外观和抛光防护

1. 任务分配

每 5 人一组，推选组长，组长对小组任务进行分配，组员按组长的要求完成相关工作内容，并将自己所在小组分工及个人工作内容填入表 6-1 中。

表 6-1 任务分配表

<table>
<tr><th>任务</th><th>职务</th><th>姓名</th><th>工作内容</th></tr>
<tr><td rowspan="3">清洗车辆外观和抛光防护</td><td>组长</td><td></td><td></td></tr>
<tr><td rowspan="2">组员</td><td></td><td></td></tr>
<tr><td></td><td></td></tr>
</table>

续表

任务	职务	姓名	工作内容
清洗车辆外观和抛光防护	组员		

2. 操作步骤

根据实施过程完成表 6-2 中操作步骤的排序。

表 6-2 操作步骤

项目	顺序	工作内容
安全防护和准备工作		将车辆停放到洗车房，检查各门窗是否关好。准备好洗车机，保证洗车房排水正常
		准备清洗车身专用的洗车蜡和水稀释液，准备清洗车辆底裙专用的水桶和海绵
		准备抛光机、抛光蜡、抛光海绵、砂纸、纸胶带等
		车辆外观检查、漆面检查，记录车辆异常情况，请客户签字确认并提醒客户随身携带贵重物品
清洗车身		使用去铁粉液和洗车泥配合将车身上黏附的铁粉去掉
		调整好洗车机水压和出水形状，距车身 40 cm 以上，从车顶开始冲洗，按水流规律，冲洗次序依次是从上至下、从前至后、从右至左，依次冲洗车顶、车身、车门、行李箱盖、发动机舱盖、保险杠等
		按照洗车顺序，擦洗全车车身，然后使用洗车机将泡沫清洗干净
		使用擦车大毛巾将车身上全部小水珠擦干净
		按照洗车顺序，使用洗车专用泡沫机给全车喷洒清洁泡沫
抛光防护		使用纸胶带对车身所有缝隙及易损部件进行包裹防护，防止抛光过程中损伤车身边角
		使用纸胶带对车身侧面的转向灯（部分车型无）、车门上门手扣、油箱盖、车门边缘和缝隙进行包裹防护
		使用纸胶带对进气格栅、左右前照灯、牌照处边缘和缝隙进行包裹防护
		使用纸胶带对车辆尾部所有灯、车标（含数字或字母）、天线、后牌照、行李箱盖的边缘和缝隙进行包裹防护
		使用擦车大毛巾将前风窗玻璃中下部进行遮盖，避免抛光过程中抛光蜡进入刮水器等狭小部位，造成后期清洗困难
整理现场		将洗车机、泡沫机、各种擦车毛巾等放回指定位置
		整理工具及现场卫生

（二）车身抛光

1. 任务分配

每 5 人一组，推选组长，组长对小组任务进行分配，组员按组长的要求完成相关任务内容，并将自己所在小组分工及个人任务内容填入表 6-3 中。

表 6–3 任务分配表

任务	职务	姓名	任务内容
车身抛光	组长		
	组员		

2. 操作步骤

根据实施过程完成表 6–4 中操作步骤的排序。

表 6–4 操作步骤

项目	顺序	工作内容
安全防护和准备工作		准备抛光机、抛光蜡、抛光海绵、砂纸、纸胶带、打磨板等
		车辆外观检查、漆面检查，记录车辆异常情况，请客户签字确认并提醒客户随身携带贵重物品
		准备清洗车身专用的洗车蜡和水稀释液，准备清洗车辆底裙专用的水桶和海绵
		将车辆停放到洗车房，检查各门窗是否关好，保证洗车房排水正常
局部较深划痕处理		在车身上查找划痕，如果划痕处的漆面仅仅是清漆层受损但色漆层未受损，则可以通过抛光处理。如果车身上有局部较深的划痕，做好标记
		砂纸沾水后，在划痕处打磨，注意要反复打磨、用力匀称适中、均匀地在车身漆面上画圈，边打磨边查看车漆打磨情况，打磨深度以接近划痕底部为准，不用磨掉表面清漆
		将 2000 号砂纸包裹在专用打磨板上，注意砂纸需平整
		使用抛光机安装粗抛光海绵，在砂纸打磨区域倒适量的 3000 号抛光蜡（根据打磨面积），喷洒适量水，进行漆面初步打底抛光。注意使用 3000 号抛光蜡抛光时，抛光机需要选择低转速 抛光要领和姿势：将抛光机电源线经操作者肩膀绕到其身后，防止抛光操作时电源线划伤漆面；右手握住手柄，左手握住扶柄，双手手臂放松，保持力度适中操作抛光机
		在需要抛光的漆面缓慢移动抛光机，双手适当用力向下压，增大摩擦力，要随时观察漆面状况，直至漆面划痕基本消失为止。抛车门等其他边角时，需双手握紧抛光机，防止抛光机滚落
		拆下粗抛光海绵，安装细抛光海绵
		将 9800 号抛光蜡倒在需要抛光的部位，涂抹面积适当扩大，镜面抛光需将周边漆面也适当抛光，以免产生漆面色差
		在需要抛光部位喷洒适量的水，将抛光机调到高转速后在需抛光漆面上缓慢移动，双手适当加大下压力度以增加摩擦力，并随时观察漆面状况，直至漆面划痕全部消失并光亮如新为止
全车镜面抛光		若车身划痕均较浅，可直接进行全车镜面抛光
		将抛光机调到高转速后在需抛光漆面上缓慢移动，双手适当加大下压力度以增加摩擦力，并随时观察漆面状况，直至漆面划痕全部消失并光亮如新为止

续表

项目	顺序	工作内容
全车镜面抛光		在需抛光的漆面处喷适量的水并倒适量的 9800 号抛光蜡
		依次将全车车漆进行抛光，注意随时检查漆面状况
抛光后清洗		撤掉遮挡前风窗玻璃的擦车大毛巾，撕掉全车各处防护的纸胶带
		按照洗车顺序，使用洗车专用泡沫机给全车喷洒清洁泡沫
		按照洗车顺序，擦洗全车车身，然后使用洗车机将泡沫清洗干净
		调整好洗车机水压和出水形状，距车身 40 cm 以上，从车顶开始冲洗，按水流规律，冲洗次序依次是从上至下、从前至后、从右至左，依次冲洗车顶、车身、车门、行李箱、发动机舱盖、保险杠等
		使用擦车大毛巾将车身上全部小水珠擦干净，使用擦玻璃专用毛巾将全车玻璃内外侧均擦洗干净
		使用压缩空气气枪将车身各个边角缝隙的水珠吹干净
		使用吸尘器将车内座椅、地毯、行李箱等处吸干净
整理现场		将洗车机、各种擦车毛巾等放回指定位置
		检查车辆清洗情况，未清洗干净的部位应及时清洗干净
		交车给客户后，整理工具及现场卫生

四、检查

（一）自检

对任务执行过程中的操作规范性进行检查，检查操作过程中是否存在以下问题，分析讨论应如何避免并总结规范的操作方法，填写表 6-5。

表 6-5　自检

检查项目	结果
车辆停放位置是否合适，是否将变速器置于空挡并拉紧驻车制动器	是 □　否 □
是否提前准备好洗车机、汽车专用泡沫机、抛光机	是 □　否 □
洗车机水枪使用是否规范合理	是 □　否 □
抛光机使用是否规范合理	是 □　否 □
车辆清洗是否干净	是 □　否 □
车辆划痕修复是否到位	是 □　否 □
交车前是否复检	是 □　否 □
工作场地是否清洁	是 □　否 □

（二）互检

组与组之间进行操作过程及结果检查，填写表 6-6。

表 6-6 互检

检查项目	结果
车辆停放位置是否合适，是否将变速器置于空挡并拉紧驻车制动器	是 □ 否 □
是否提前准备好洗车机、汽车专用泡沫机、抛光机	是 □ 否 □
洗车机水枪使用是否规范合理	是 □ 否 □
抛光机使用是否规范合理	是 □ 否 □
车辆清洗是否干净	是 □ 否 □
车辆划痕修复是否到位	是 □ 否 □
交车前是否复检	是 □ 否 □
工作场地是否清洁	是 □ 否 □

五、课堂小结

情境三

汽车车身修复

任务七　车身凹坑的钣金修复

车身凹坑的钣金修复任务工单					
客户信息	姓名		职业		
车辆信息	车型		VIN 码		行驶里程
任务描述	车身钣金 □　车身喷涂 □ 其他项目：				
车辆外观检查			车辆内饰检查		
凹凸 □			污渍 □		
划痕 □			破损 □		
石击 □			色斑 □		
油漆 □			变形 □		
明确具体工作任务					

任务目标

- 能够对车辆损伤进行评估并制订维修计划
- 能够选用合适的钣金工具，采用正确的操作方法对车身受损部位进行钣金修复

任务内容

- 车身修复的定义与内容
- 车辆损伤评估及清洗检查
- 车身钣金修复工具
- 车身钣金修复流程

任务重点

- 车辆损伤评估及检查
- 车身钣金修复工具
- 车身钣金修复流程

一、知识讲解

（一）车身修复

当车辆板件或结构件由于腐蚀、碰撞或疲劳损伤而造成使用性能和外观受损之后，就需要对其进行修复，这一过程称为车身修复。

车身修复主要包括两大部分：钣金修复和喷涂修复，一般要经过损伤评估、清洗检查、钣金修整、喷涂作业以及其他机械维修、电气维修等过程。

（二）车辆的损伤评估和清洗检查

1. 车辆损伤的评估和维修计划的制订

车身维修是一个综合的修理过程，因此，在进行车身修理之前，首先要做好车辆损伤的评估与鉴定工作，明确车辆损伤的部位与程度，确定需要钣金维修、机械维修、电气维修的项目等，然后根据实际情况进行下一步维修工作的统筹安排，制订维修计划。

车辆损伤的确定是一项非常细致的工作，其主要工作内容有：

（1）确定车身的损伤情况。

（2）确定车辆其他机械系统、电气系统的损伤。

（3）确定需要修理或更换的部件，制订车身和其他机械系统、电气系统的维修计划。

（4）与送修人员协商，确定维修费用和时间。

（5）签订维修合同，下达维修任务。

根据实际情况制订合理的维修计划、确定合理的收费和维修时间不仅是对客户积极负责的服务态度，树立企业形象的关键，也是保证车辆维修质量的关键。因此，做好车辆的损伤评估工作是车身维修工作的重中之重。

2. 车辆的清洗检查及部件与总成的解体

车辆的清洗检查是指对全车上下进行冲刷清理和检查，这样做的目的不仅是为以后的车身维修工作打下良好的基础，为维修中进行测量、修整等工作做必要的准备，同时也是发现隐藏损伤，清理安全隐患，确保维修工作全面、顺利进行的必要手段。

对车辆进行清洗检查后，需要将应修理的部件与总成等进行解体，分别送到专业维修工位，然后将车身要修整的部位周围妨碍修理或需要更换的部件拆解，之后即可进行车身的钣金整形工作，对车身的维修工作就此展开。

需要指出的是，在进行车辆钣金维修时，一定要注意安全，如切断车辆蓄电池的供电，清理车身或车下泄漏的汽油、机油等。

（三）钣金修复工具

1. 钣金修复常用手动工具

（1）锤子

锤子是汽车钣金维修的基本工具，它的形状很多，作用也各不相同，常见的钣金锤有缩减钣金锤、鹤嘴钣金锤、直面钣金锤等，如图 7–1 所示。

使用钣金锤时应手握锤柄尾端 15 ~ 30 mm 处，主要靠食指和拇指握锤，落锤时握紧锤柄。敲击时，锤头应按照一个方向锤击板材，如图 7–2 所示。

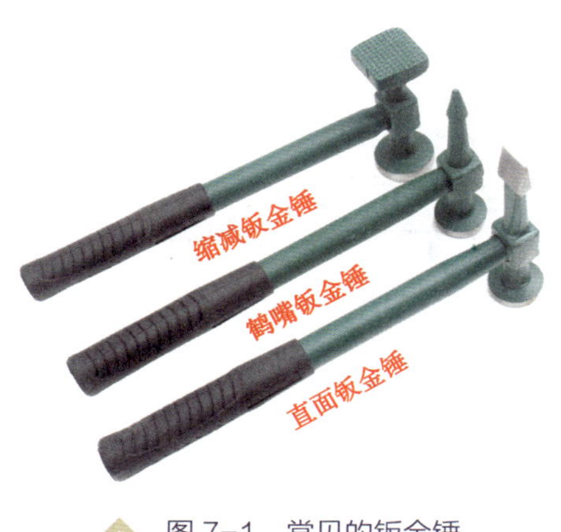

图 7-1 常见的钣金锤

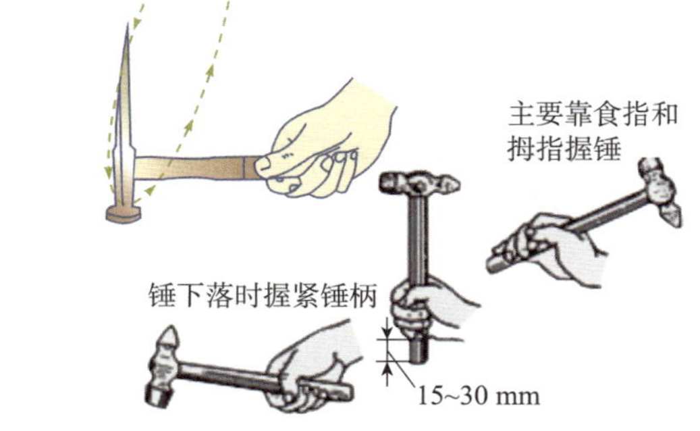

图 7-2 钣金锤的使用方法

（2）垫铁

垫铁也称为顶铁或衬铁，如图 7–3 所示。它是一种手持的铁砧，与钣金锤配合进行钣金修理作业。

垫铁在使用时可分为“正托”和“偏托”两种方式。“偏托”方式是指直接用垫铁抵住最大凹陷处，使用木锤或尼龙锤敲击凹陷周围产生的隆起变形，即“深入浅出”地由最大凹凸变形处开始敲平，如图 7–4a 所示。

当局部凹凸变形被修平至一定程度时，应改用图 7–4b 所示的“正托”方式进一步敲平。

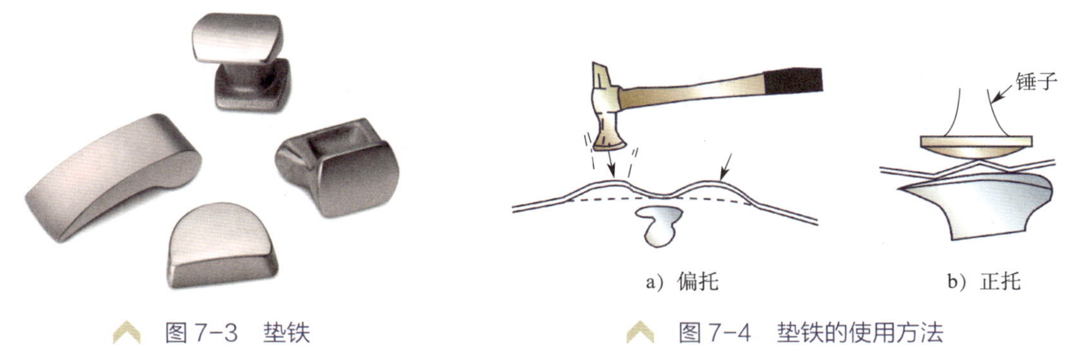

图 7-3 垫铁

图 7-4 垫铁的使用方法

（3）匙形铁

匙形铁是车身修复中的特殊工具，主要用于抛光金属表面，所以也称为修平刀，如图 7–5 所示。不同的匙形铁可与不同形状的面板匹配使用，使用匙形铁修复隆起如图 7–6 所示。

匙形铁可以当作撬具使用，如图 7–7a 所示。当面板背面的空间有限时，匙形铁也可当作垫铁使用，如图 7–7b 所示。

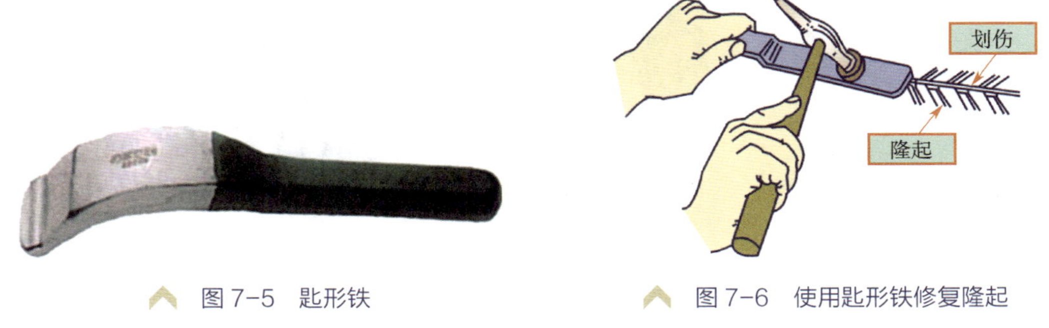

图 7-5 匙形铁

图 7-6 使用匙形铁修复隆起

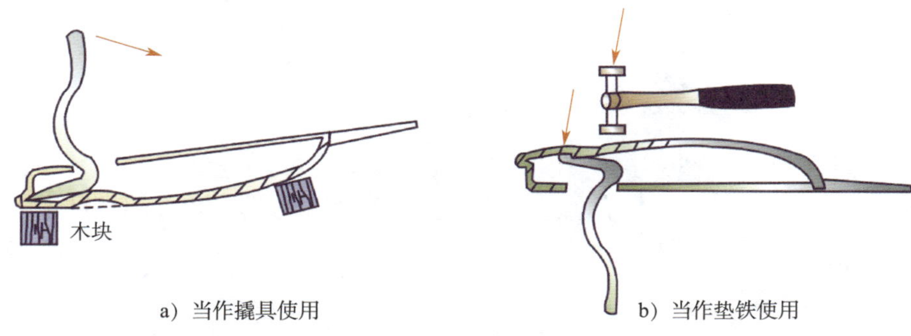

a）当作撬具使用　　b）当作垫铁使用

图 7-7　匙形铁的应用

（4）夹具与撬具

在钣金修理中，对部件进行整形、板料折边或固定划线等加工经常要用到各种夹具，如图 7-8 所示。为完成某一特定形状板件的修复而使用的钣金撬具如图 7-9 所示。

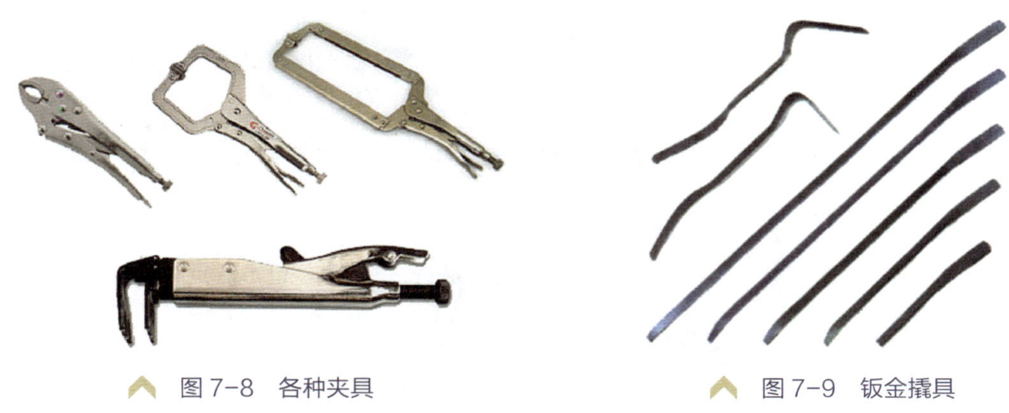

图 7-8　各种夹具　　图 7-9　钣金撬具

2. 钣金修复常用气动或电动工具

（1）手电钻

手电钻是以电为动力的手持式钻孔工具，电源电压一般有 220 V 和 36 V 两种，其钻头尺寸有多种规格，常用的最小为 ϕ 3.6 mm，最大为 ϕ 13 mm，如图 7-10 所示。

a）手电钻

b）钻头

图 7-10　手电钻及钻头

（2）角磨机

角磨机俗称手砂轮，是手持式快速切割和打磨工具，如图 7–11a 所示。根据用途不同，角磨机可安装不同的砂轮片，一般薄片为切割片，厚片为打磨片，如图 7–11b 所示。

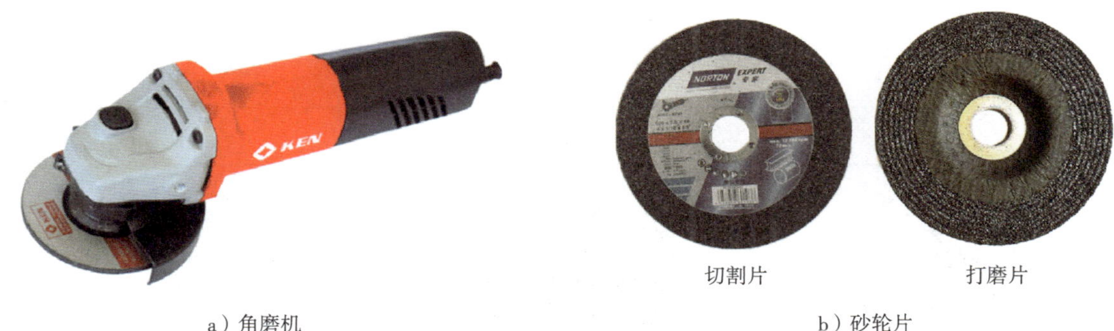

切割片　　打磨片

a）角磨机　　b）砂轮片

图 7–11　角磨机与砂轮片

（3）介子机

介子机俗称外形修复机，是现代钣金修复中主要的整形修复设备，它可以对需要修复的表面进行钣金缩火、拉拔、焊接等，如图 7–12 所示。

a）介子机

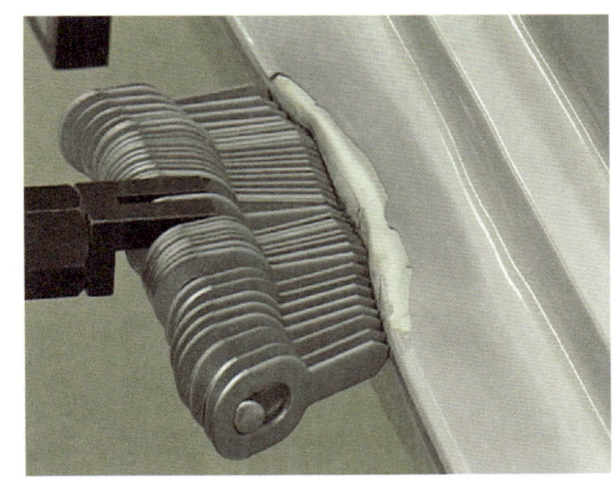

b）介子机应用

图 7–12　介子机及其应用

（四）钣金修复流程

1. 确定损伤部位及损伤程度。
2. 根据损伤痕迹制订修复方案。
3. 选定钣金修复工具对车身进行钣金修复。

二、任务准备

选出完成本任务所需的主要物品。

<table>
<tr><td></td><td></td><td></td></tr>
<tr><td>记号笔</td><td>钢直尺</td><td>角磨机</td></tr>
<tr><td></td><td></td><td></td></tr>
<tr><td></td><td>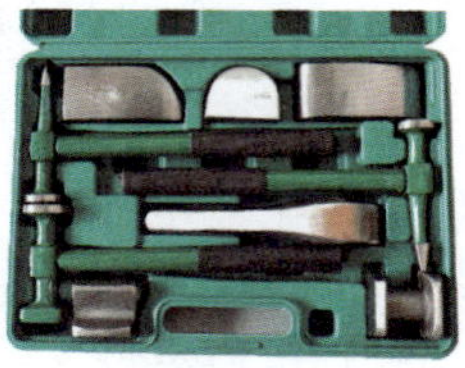</td><td></td></tr>
<tr><td>介子机</td><td>钣金工具套装</td><td>工具车</td></tr>
<tr><td></td><td></td><td></td></tr>
</table>

<table>
<tr><td>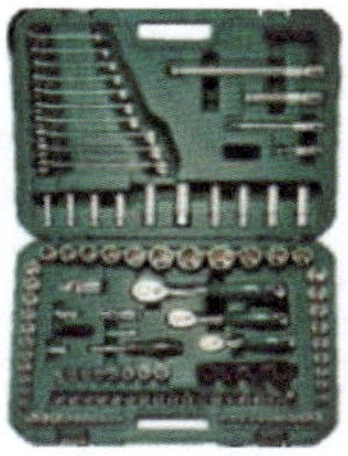</td><td>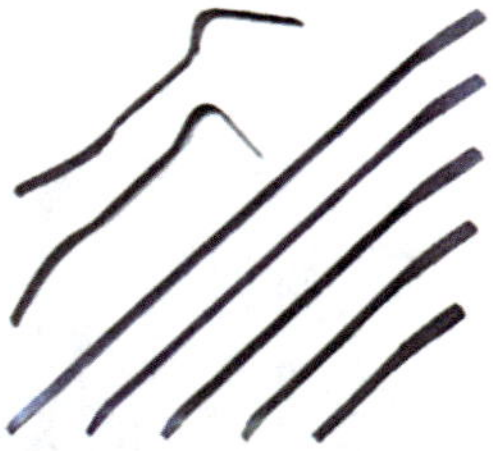</td></tr>
<tr><td>常用工具套装</td><td>钣金撬具</td></tr>
<tr><td></td><td></td></tr>
</table>

三、防护措施

1. 进入车间应穿工作服、戴工作帽、戴手套、穿工作鞋，进行相关钣金作业时应戴护目镜，防止铁屑等异物进入眼睛。

2. 使用介子机进行钣金修复时，应先对介子机电流或负荷进行调整。调整时，应先用小电流或小负荷进行试验，避免焊穿板件。

3. 在使用钣金锤前，应检查钣金锤头的固定是否牢固可靠，避免钣金过程中锤头脱落，对人体造成伤害。

四、任务分配（见表 7-1）

每 6 人一组，推选组长，组长对小组任务进行分配，组员按组长的要求完成相关工作内容，并将自己所在小组分工及个人工作内容填入表 7-1 中。

表 7-1 任务分配表

任务	职务	姓名	工作内容
车身凹坑的钣金修复	组长		
	组员		

五、任务实施

（一）操作步骤

按照表 7-2 所列操作步骤完成车身凹坑的修复，并做好记录。

表 7-2 操作步骤

项目	顺序	工作内容
工作准备	1	进入车间应穿工作服，戴工作帽、护目镜、手套，穿工作鞋
	2	准备钣金工具，如介子机、钣金锤、垫铁、角磨机、钣金撬具等
去除旧漆膜并拆卸车门内饰板	1	通过观察车身板件反光和用手抚摸板件表面确定车身受损范围
	2	使用钢直尺比对凹陷处的受损程度
	3	使用记号笔标出车身板件的凹陷范围
	4	选用角磨机并安装砂轮片
	5	使用角磨机去除凹陷范围内的旧漆膜
	6	拆卸车门内饰板及玻璃升降器
钣金修复	1	使用角磨机在车门另一处去除部分旧漆膜并裸露出金属部位
	2	将介子机搭铁端固定在车门裸露金属处
	3	打开介子机并调整介子机负荷，应从小负荷开始测试，避免电流过大而损伤板件
	4	使用介子机按照从四周向中间的方法逐渐拉出凹陷部位
	5	使用角磨机将介子机产生的焊点磨平
	6	使用钣金锤与垫铁对板件进行修整，修整过程中使用钢直尺对比修整效果，确保修整至规定误差范围内
整理	1	将所有钣金工具复位
	2	整理场地并打扫卫生

（二）实施记录

结合车辆受损情况，记录变形部位，列出修复车身凹坑的实施过程，并填写在表 7–3 中。

表 7–3　实施记录

信息	车型：________	受损部位：________	受损类型：凹陷 □　褶皱 □　棱线凹陷 □
实施过程			

六、检查

（一）自检

使用钢直尺对修复后的部位进行检查，平面应无凸出，凹陷处最大距离不允许超过 2 mm，检查完毕后将结果填入表 7–4 中。

表 7–4　自检

检查项目	结果
车辆停放位置是否合适	是 □　否 □
检查修复表面平整度	正常 □　凹陷过大 □　凸出 □
工作场地是否清洁，工具是否复位	是 □　否 □

（二）互检

每两个工位的小组成员相互检查所修复表面的平整度，并将检查结果填入表 7-5 中。

表 7-5　互检

检查项目	结果
车辆停放位置是否合适	是 □　否 □
检查修复表面平整度	正常 □　凹陷过大 □　凸出 □
工作场地是否清洁，工具是否复位	是 □　否 □

七、课堂小结

任务八　喷漆处理工艺——施涂原子灰

施涂原子灰任务工单					
客户信息	姓名		职业		
车辆信息	车型		VIN 码		行驶里程
任务描述	车身钣金 □　车身喷涂 □ 其他项目：				
车辆外观检查			车辆内饰检查		
凹凸 □ 划痕 □ 石击 □ 油漆 □			污渍 □ 破损 □ 色斑 □ 变形 □		
明确具体工作任务					

任务目标

- 能够去除钣金表面旧漆膜并对钣金表面进行防锈处理
- 能够正确使用涂抹工具对钣金表面进行施涂、打磨原子灰
- 能够喷涂中涂底漆并打磨

任务内容

- 汽车喷涂作业流程
- 汽车常用喷涂及打磨工具的种类和功能
- 汽车常用喷涂材料及其作用

任务重点

- 汽车喷涂作业流程
- 汽车常用喷涂及打磨工具的种类和功能

一、知识讲解

（一）汽车喷涂作业流程

1. 对车辆损伤进行评估，确定损伤部位需填补范围，打磨去除旧漆膜。
2. 在旧漆膜与损伤部位之间打磨出羽状边，喷涂防锈底漆，做好防锈处理。
3. 使用原子灰填涂损伤部位凹坑，待原子灰干后，使用手磨垫块将原子灰打磨平整。
4. 使用喷枪喷涂中涂底漆，干后使用砂纸将中涂底漆打磨光滑。

（二）常用喷涂及打磨工具

1. 研磨机

研磨机是快速去除旧漆膜、打磨原子灰的电动或气动工具，如图 8–1 所示。研磨机可以对车身板材表面进行高速高效打磨，在使用时应注意以下几点：

（1）研磨机的转速不易太快。

（2）不可长时间停留在一个位置进行打磨。

（3）打磨时，倾斜角度不能太大，应尽量使砂纸盘与车身板件完全接触。

a）气动研磨机　　b）电动研磨机

图 8–1　研磨机

2. 手磨垫块

手磨垫块是对原子灰进行基本修整和打磨的手动工具，相对研磨机来说，使用手磨垫块可以更准确地控制原子灰的打磨厚度和均匀度。手磨垫块分为普通手磨垫块和吸尘款手磨垫块两种，如图 8–2 所示。吸尘款手磨垫块可以将磨下的原子灰粉尘进行收集整理，不会对作业环境造成污染。

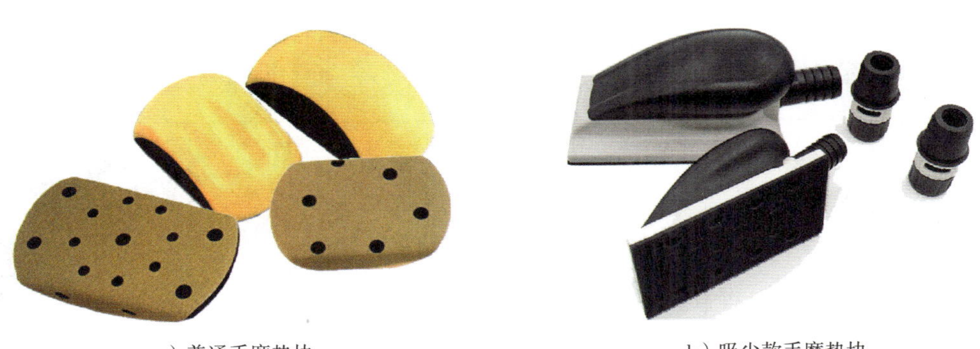

a）普通手磨垫块　　b）吸尘款手磨垫块

图 8–2　手磨垫块

3. 喷枪

喷枪是对车辆板件表面实施漆膜喷涂的工具，根据动力源不同可分为电动喷枪和气动喷枪，如图 8–3 和图 8–4 所示。根据漆壶的安装位置不同，气动喷枪又可分为上壶式和下壶式两种，如图 8–4 所示。

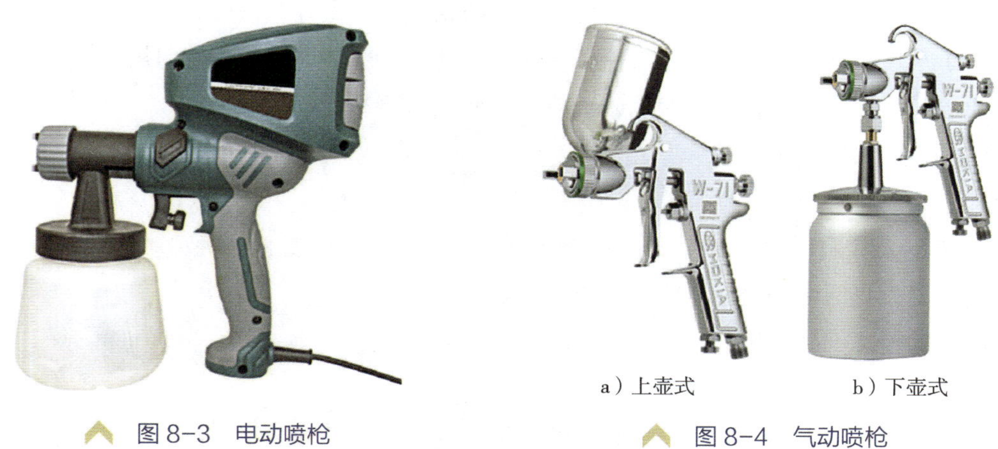

a）上壶式　　b）下壶式

图 8–3　电动喷枪

图 8–4　气动喷枪

（三）汽车常用喷涂材料

1. 防锈底漆

防锈底漆又称环氧底漆，是汽车涂装过程中必不可少的一道底漆，它的主要作用是附着在裸露金属表面，防止板件生锈。此外，该喷涂层还具有一定的吸附原子灰的能力，可保证原子灰的附着力。

2. 原子灰

原子灰俗称腻子，主要作用是填补板件表面损伤的凹坑，恢复板件表面原有的平整度和光洁度。原子灰通常要配合固化剂使用，使用时应将原子灰与固化剂按照 50∶1 的比例进行配比并在 1 min 内混合均匀。

3. 中涂底漆

使用中涂底漆可以遮盖并填充打磨原子灰时留下的砂纸印。在选择中涂底漆时，要求其具有良好的附着力和隔绝性能，以及极好的打磨性能。喷涂作业时，通过喷涂中涂底漆可初步检查原子灰的打磨效果。

二、任务准备

选出完成本任务所需的主要物品。

记号笔	调漆尺	研磨机

喷枪	手磨垫块	工具车
原子灰	砂纸	防锈底漆

中涂底漆	实训车辆

三、防护措施

1. 进入车间应穿防护服，戴护目镜及防尘口罩，避免原子灰粉尘进入眼睛及呼吸系统。
2. 打磨原子灰时，应根据原子灰厚度及板件情况合理选用砂纸型号，避免过度打磨。
3. 打磨原子灰时，应尽量保证砂纸与打磨平面的贴合度，避免出现偏磨现象。

四、任务分配（见表 8-1）

每 6 人一组，推选组长，组长对小组任务进行分配，组员按组长的要求完成相关工作内容，并将自己所在小组分工及个人工作内容填入表 8-1 中。

表 8-1　任务分配表

任务	职务	姓名	工作内容
施涂原子灰	组长		
	组员		

五、任务实施

（一）操作步骤

按照表 8-2 所列操作步骤施涂原子灰，并做好记录。

表 8-2　操作步骤

项目	顺序	工作内容
确定填补范围	1	戴上防护手套，用手按“米”字形轨迹多方位抚摸受损部位，初步确定需填补区域
	2	使用钢直尺测量损伤位置，并与损伤位置周围的板件进行对比，确定需填补区域
	3	使用记号笔画出需填补范围
打磨旧漆膜和羽状边	1	使用打磨机配合 80 号砂纸，打磨需填补部位多余的旧漆膜
	2	使用砂纸手动清除打磨机未能清除部位的旧漆膜
	3	使用打磨机配合 120 号砂纸，结合旧漆膜厚度，将损伤部位的边缘打磨成一个平滑的羽状边
清洁和除油	1	使用吹尘枪沿垂直板件表面方向近距离吹尘，去除板件表面的灰尘
	2	使用除油剂去除板件表面的油脂和污物
喷涂防锈底漆	1	使用遮蔽纸遮蔽损伤部位之外的板件
	2	在裸露金属表面喷涂一层薄薄的防锈底漆
	3	使用红外烤灯烘烤防锈底漆使之干燥或等待防锈底漆自然晾干
施涂原子灰	1	使用前先将原子灰搅拌均匀，按照填补区域大小取出部分原子灰
	2	充分挤压固化剂使之均匀，按照与原子灰 1：50 的比例挤出适量固化剂
	3	在 1 min 内充分混合原子灰和固化剂，使之均匀
	4	在车身板件损伤部位刮涂一层薄薄的原子灰，使之填入损伤部位的凹坑内
	5	将原子灰均匀地施涂在损伤区域范围内，在保证原子灰将损伤范围充分填补后，反向刮涂原子灰一两遍，使原子灰充分填充损伤区域
	6	使用红外烤灯将原子灰烤干或自然晾干原子灰
打磨原子灰	1	使用手磨垫块配合 120 号砂纸将原子灰打磨至基本平整
	2	使用手磨垫块配合 180 号砂纸将原子灰打磨至完全平整，去除用 120 号砂纸打磨时留下的砂纸痕

续表

项目	顺序	工作内容
打磨原子灰	3	使用手磨垫块配合 240 号砂纸完全去除原子灰及边界的砂纸痕，完成原子灰的打磨
	4	使用 320 号砂纸将打磨范围扩大至原子灰边界 10 cm 以上，为喷涂中涂底漆做好准备
喷涂中涂底漆	1	使用吹尘枪沿垂直板件表面方向近距离去除板件表面的灰尘
	2	使用除油剂去除板件表面的油脂和污物
	3	使用遮蔽纸反向遮蔽，确保未修补的部位不受漆雾的污染
	4	使用专用的底漆喷枪首先喷一层薄薄的中涂底漆，检查原子灰处理的质量
	5	待中涂底漆晾干后，再喷涂一两遍中涂底漆，直至完全遮盖原子灰的痕迹
	6	喷涂完毕后取下遮蔽纸等待烘烤或自然晾干
打磨中涂底漆	1	使用手磨垫块配合 400 号砂纸打磨中涂底漆施涂范围
	2	使用 500 号砂纸打磨整个板件需要喷涂面漆的范围
	3	使用吹尘枪沿垂直板件表面方向近距离去除板件表面的灰尘
	4	使用除油剂去除板件表面的油脂及污物
整理	1	将工具复位，整理喷涂废料等并回收至回收桶
	2	整理场地并打扫卫生

（二）实施记录

结合实际实施过程，将施涂原子灰的过程记录在表 8–3 中。

表 8–3 实施记录

信息	车型：________	受损部位：________	受损类型：凹陷 □ 褶皱 □ 棱线凹陷 □
实施过程			

六、检查

（一）自检

核对施涂原子灰的工艺流程，并使用钢直尺检查施涂原子灰后的板件表面平整度，检查完毕后将结果填入表 8-4 中。

表 8-4　自检

检查项目	结果
车辆停放位置是否合适	是 □　否 □
实施过程工作顺序是否正确	是 □　否 □
工作过程是否有漏项、少项	是 □　否 □
原子灰填补是否平整	是 □　否 □
工作场地是否清洁，工具是否复位	是 □　否 □

（二）互检

每两个工位的小组成员相互检查所修复表面的平整度，并将检查结果填入表 8-5 中。

表 8-5　互检

检查项目	结果
车辆停放位置是否合适	是 □　否 □
实施过程工作顺序是否正确	是 □　否 □
工作过程是否有漏项、少项	是 □　否 □
原子灰填补是否平整	是 □　否 □
工作场地是否清洁，工具是否复位	是 □　否 □

七、课堂小结

____

____

____

任务九　喷漆处理工艺——喷漆

<table>
<tr><td colspan="6">喷漆任务工单</td></tr>
<tr><td>客户信息</td><td>姓名</td><td colspan="2"></td><td>职业</td><td></td></tr>
<tr><td rowspan="2">车辆信息</td><td colspan="2">车型</td><td colspan="2">VIN 码</td><td>行驶里程</td></tr>
<tr><td colspan="2"></td><td colspan="2"></td><td></td></tr>
<tr><td>任务描述</td><td colspan="5">车身钣金 □　　车身喷涂 □
其他项目：</td></tr>
<tr><td colspan="3">车辆外观检查</td><td colspan="3">车辆内饰检查</td></tr>
<tr><td>凹凸 □</td><td colspan="2" rowspan="4"></td><td>污渍 □</td><td colspan="2" rowspan="4"></td></tr>
<tr><td>划痕 □</td><td>破损 □</td></tr>
<tr><td>石击 □</td><td>色斑 □</td></tr>
<tr><td>油漆 □</td><td>变形 □</td></tr>
<tr><td>明确具体工作任务</td><td colspan="5"></td></tr>
</table>

任务目标

- 能够使用美纹纸与遮蔽纸等对车辆待喷涂部位之外的车身进行遮蔽
- 能够按照正确的配比对油漆、稀释剂及固化剂进行配比混合
- 能够对喷枪进行喷涂前的调试
- 能够使用喷枪完成车身喷涂作业

任务内容

- 遮蔽纸的作用
- 汽车油漆的分类与特点
- 喷枪的结构与使用方法

任务重点

- 汽车油漆的分类与特点
- 喷枪的结构与使用方法

一、知识讲解

（一）遮蔽纸的作用

遮蔽纸的主要作用是遮蔽车辆不需要喷涂部位的车身部位，防止在车辆板件喷涂过程中产生的漆雾飞溅到车身表面，对车身未喷涂部位造成污染。

（二）汽车油漆的分类与特点

根据汽车油漆成分和喷涂工艺不同，汽车油漆可分为普通漆、金属漆和珠光漆三种。

1. 普通漆

普通漆也称色漆，由树脂、颜料和添加剂混合而成。普通漆是最常见的汽车用漆，出现得最早，其特点是成本低廉，工艺简单，但其光泽度不太好，表面硬度也不高，特别容易被刮掉。

在喷涂普通漆时，喷涂时间间隔较大，必须等车身表面的油漆干燥到一定程度时才能进行下次喷涂，否则容易造成漆面垂流，加大后期施工难度。

2. 金属漆

金属漆又称金属闪光漆，是较流行的一种汽车面漆。它的漆基中加有微细的铝粒，光线射到铝粒上后，又被铝粒透过气膜反射出来，因此看上去好像金属在闪闪发光。改变铝粒的形状和大小，就可以控制金属闪光漆膜的闪光度。在金属漆的外面还加有一层清漆予以保护。

金属漆的最大特点是亮度高，硬度也比普通漆高很多，一般的物体不容易将其刮掉，所以高档汽车基本都使用金属漆。

在喷涂金属漆时，每喷完一层需使用抹尘布进行除静电和除尘清理，防止空气中的灰尘被吸附到漆面上，从而在清漆内形成“脏点”，影响美观。

3. 珠光漆

珠光漆又称云母漆，也是一种流行的汽车面漆。它的原理与金属漆基本相同，只是用云母代替铝粒，即在它的漆基中加有涂有二氧化钛和氧化铁的云母颜料。光线射到云母颗粒上后，先带上二氧化钛和氧化铁的颜色，然后在云母颗粒中发生复杂的折射和干涉，由于云母本身也有一种特殊的、有透明感的颜色，所以这样反射出来的光线就具有一种珍珠般的闪光。同时，由于二氧化钛本身具有黄色，斜视时又改变为浅蓝色，从不同的角度去看，具有不同的颜色。因此，珠光漆给人一种新奇的、琳琅满目的感觉。

同金属漆相同，在喷涂珠光漆时，每喷涂一层都需要使用抹尘布进行除静电和除尘清理，而且珠光漆的外层也必须喷涂一层清漆进行保护。

（三）喷枪的结构与使用方法

1. 喷枪的结构

喷枪的结构如图 9–1 所示。喷枪上一共有三个调节旋钮，最下方空气入口旁边的调节旋钮为空气调节旋钮，用来调节进入喷枪的压缩空气的压力；喷枪后方上面的调节旋钮为喷幅调节旋钮，用来调节涂料喷涂的幅度；喷枪正后方的旋钮为涂料流量调节旋钮，用来调节涂料喷出量。

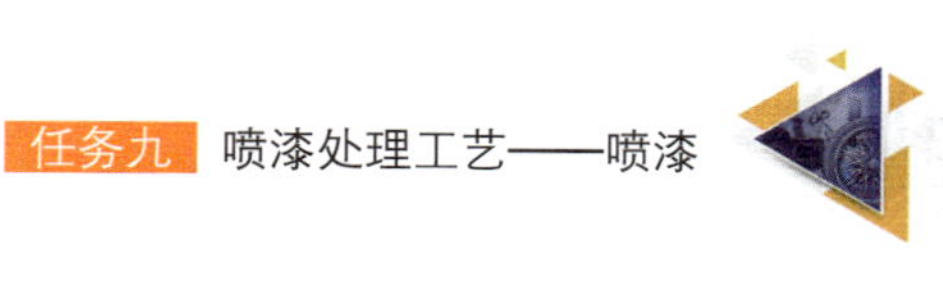

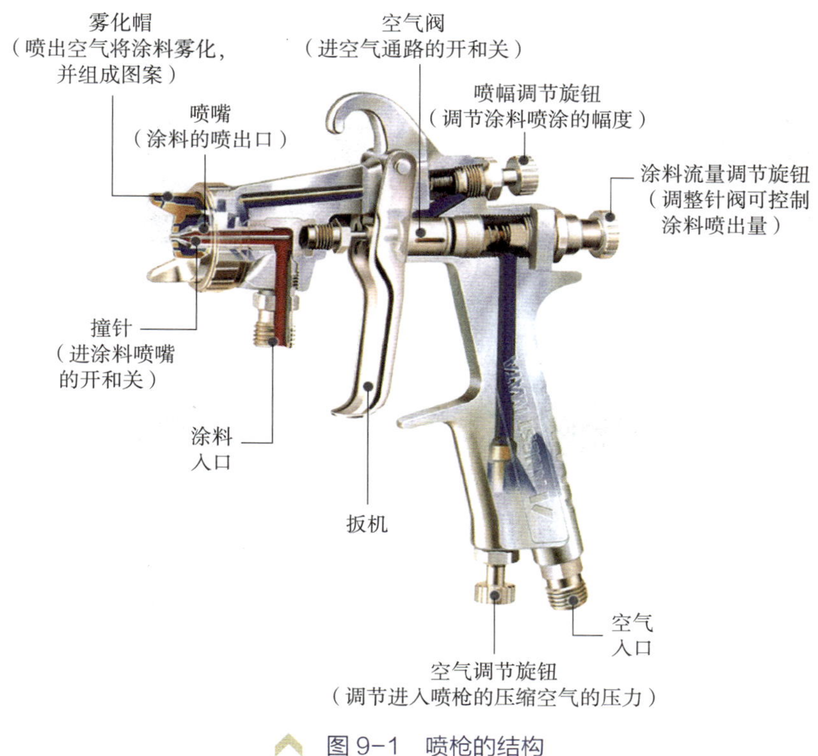

图 9-1 喷枪的结构

2. 喷枪的校正

在进行喷涂作业前，应先在测试纸上对喷枪进行调整，具体方法如下。

（1）调节喷枪的涂料流量调节旋钮，先顺时针旋转到底部，将出漆量调整为零，然后逆时针旋转旋钮，逐渐加大出漆量并在测试纸上试喷，直到出漆量合适为止。

（2）调节喷枪的喷幅调节旋钮，逆时针旋转增大喷幅，顺时针旋转减小喷幅。每调整一次，在测试纸上试喷并观察喷幅大小，直到合适为止。

（3）旋转空气调节旋钮调节喷枪喷射压力，顺时针旋转减小喷射压力，逆时针旋转增大喷射压力，调整过程中应在测试纸上试喷，直到喷射压力合适为止。

喷枪校正是喷漆过程中必不可少的一步，调整后的喷涂颗粒应均匀细致，不可太厚。出漆量调整应结合喷枪与板件表面距离和移动速度进行。例如，若移动速度快，则应增大出漆量。喷射压力和喷幅应结合喷枪与板件表面距离进行调整。

3. 喷枪的使用

在使用喷枪过程中除了要对喷枪进行调校外，还应注意喷枪的日常维护。喷涂不同的漆面，如底漆和面漆时，应根据油漆的颗粒大小选择合适的喷枪枪头或喷枪。此外，每次使用完喷枪后都应及时使用稀释剂对喷枪进行清洗，避免油漆在喷枪停留时间过长，造成凝固，堵塞喷枪管或枪头。

二、任务准备

选出完成本任务所需的主要物品。

 过滤漏斗	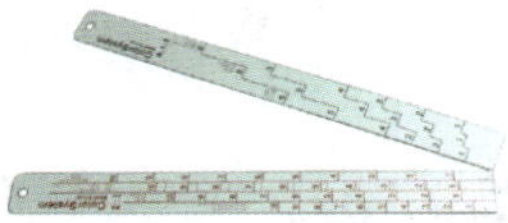 调漆尺	 调漆杯	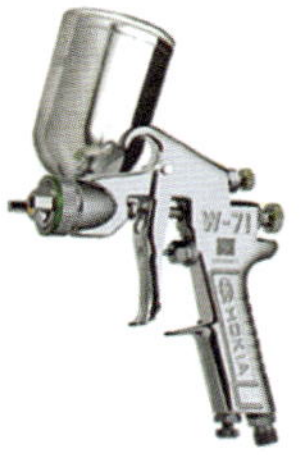 喷枪
 金属漆	 清漆	 固化剂	 稀释剂
 遮蔽纸	 美纹纸	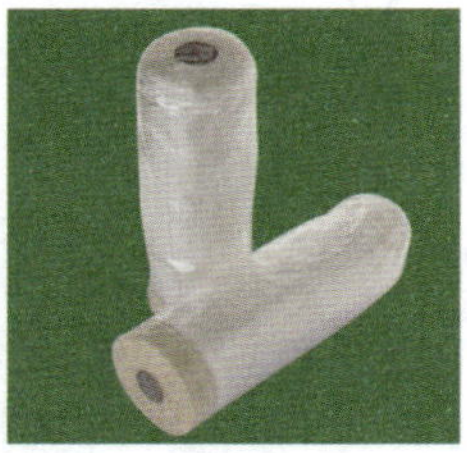 遮蔽膜	 实训车辆

三、防护措施

1. 进入喷漆车间应穿防护服，戴护目镜及防毒面具。

2. 喷涂车身表面时，应开启喷漆车间通风系统，确保车间为无尘环境。

3. 实施喷涂时，应尽量保证气动喷枪的高压气带或电动喷枪的电线远离喷涂板件，避免喷涂作业时对喷涂面造成二次污染或损坏漆面。

四、任务分配（见表 9–1）

每 6 人一组，推选组长，组长对小组任务进行分配，组员按组长的要求完成相关工作内容，并将自己所在小组分工及个人工作内容填入表 9–1 中。

表 9-1 任务分配表

任务	职务	姓名	工作内容
喷漆	组长		
	组员		

五、任务实施

（一）操作步骤

按照表 9–2 所列操作步骤进行喷漆，并做好记录。

表 9-2 操作步骤

项目	顺序	工作内容
遮蔽车身	1	使用美纹纸遮蔽喷涂板件周围边缘需要遮挡的部位
	2	使用遮蔽纸遮蔽喷涂板件周围不需要喷涂的车身相邻表面
	3	用专用的遮蔽膜遮蔽整个车身表面
喷涂金属漆（底色漆）	1	将金属漆与稀释剂按 1∶1 的比例混合后，搅拌均匀，经过滤漏斗倒入漆壶内
	2	按顺序依次调节喷枪的出漆量、喷幅和气压，并在测试纸上进行测试
	3	用抹尘布去除板件表面的灰尘等
	4	雾罩喷涂一遍底色漆，涂层的饱满度为清漆饱满度的 30%，检查底材处理是否有缺陷
	5	用喷枪一挡气压吹干涂层至亚光，然后进行一两遍上色喷涂，上色喷涂的饱满度为清漆饱满度的 60%～70%，确保完全遮盖底材
	6	最后喷涂一遍效果层，效果层喷涂时要拉大喷枪距离，减小移动速度，涂层的饱满度为清漆饱满度的 30%～40%
喷涂清漆	1	按照涂料厂家说明混合清漆、固化剂和稀释剂，使用油性漆专用过滤漏斗过滤至喷枪漆壶内
	2	按顺序依次调节喷枪的出漆量、喷幅和气压，并在测试纸上进行测试
	3	雾罩喷涂，喷涂表面的光泽度约为 50%
	4	上色喷涂，喷涂一两遍，光泽度接近 100%
后期处理	1	将车辆停放在烤漆房内，等待车辆漆面完全干燥后，揭去车身上的遮蔽纸及遮蔽膜等
	2	寻找附着在表面的尘点，用 2000 号砂纸轻轻打磨去除，然后去除表面的水和杂质
	3	将抛光剂施涂在抛光软垫上，进行抛光操作

（二）实施记录

结合实际实施过程，将进行车身喷漆的过程记录在表 9–3 中。

表 9–3　实施记录

信息	车型：________	受损部位：________	漆面类型：普通漆 □　金属漆 □　珠光漆 □
实施过程			

六、检查

（一）自检

对喷涂完毕的车辆漆面进行检查，查看车漆内部有无脏点，车漆表面有无垂流等现象，并将检查结果填写在表 9–4 中。

表 9–4　自检

检查项目	结果
车辆停放位置是否合适	是 □　否 □
车漆内部有无脏点	有 □　无 □
车漆表面有无垂流	有 □　无 □
工作场地是否清洁，工具是否复位	是 □　否 □

（二）互检

每两个工位的小组成员相互检查所喷涂的漆面有无脏点或垂流等现象，并将检查结果填写在表 9–5 中。

表 9-5 互检

检查项目	结果
车辆停放位置是否合适	是□ 否□
车漆内部有无脏点	有□ 无□
车漆表面有无垂流	有□ 无□
工作场地是否清洁，工具是否复位	是□ 否□

七、课堂小结